Auch wenn es auch nüscht gab, geschmeckt hat es

Kleine Geschichten aus den 60er Jahren mit Familienkochrezepten, teilweise in sächsischer Mundart

von Martina Schoeneich

Buchbeschreibung:

Die sechziger Jahre waren in Sachsen geprägt durch Einfachheit in der Küche mit regionalen Zutaten. Die Autorin nimmt die Leser mit auf eine kleine Zeitreise durch die Jahreszeiten, mit liebevollen Geschichten aus ihrer Heimat. Einige Rezepte, teilweise in sächsischer Mundart sind von ihrer Familie überliefert.
Sie möchte anregen, wieder jahreszeitlich zu kochen und gibt Tipps, welches Obst und Gemüse zu bestimmten Zeiten in unseren Breiten wachsen. Abgerundet wird das kleine Geschichten-Kochbuch mit Gesundheitstipps ihrer Oma.

Über den Autor:

Martina Schoeneich wurde in Dohna, Nähe Dresden geboren und lebte bis zu ihrem 28igsten Lebensjahr in Sachsen. 1981 zog sie nach einem Ausreiseantrag und vielen Schicksalsschlägen zuerst nach Hessen und dann nach Bayern. Dort lebt sie mit ihrem zweiten Ehemann am Ammersee. Sie hat zwei Töchter und vier Enkelkinder. Nach einer kaufmännischen Ausbildung studierte sie im Alter von 52 Jahren noch einmal einige Semester Psychologie an der LMU in München, ohne Abschluß. Sie arbeitet als Zeitzeugin bei der Bundesstiftung zur Aufarbeitung der SED Diktatur und hält Vorträge in Schulen. Ihrer Heimat Sachsen blieb sie immer verbunden.

Wenn es auch nüscht gab, geschmeckt hat es

Liebevolle Erinnerungen an meine Kindheit in Sachsen

von Martina Schoeneich

1. Auflage, 2023

© 2023 Alle Rechte vorbehalten.

Martina Schoeneich, Von-Eichendorff-Str.34

86911 Diessen

tinaborke@outlook.de

Cover: Heinrich Schoeneich

Zeichnungen: Katharina und Marlene Stadler nach Idee von happypainting

Herstellung und Verlag: BoD – Books on Demand, Norderstedt

https://www.facebook.com/tinaborke53

ISBN 9 783758304781

Prolog

Als ich Anfang der 50erJahre in der ehemaligen DDR geboren wurde, war die Nachkriegszeit von großer Einfachheit und Entbehrung geprägt. Die Menschen haben sich auf das Wesentliche konzentriert und aus allen zur Verfügung stehenden Dingen etwas gezaubert.

Die Hausfrauen kochten einfach aber schmackhaft. In den Familien wurden Rezepte für jahreszeitliche Gerichte, Mittel gegen Krankheiten und kleiner Gebrechen und Grundlagen der Vorratshaltung von Generation zu Generation überliefert.

Heute, in Zeiten des Überflusses und der jeder Zeit zur Verfügung stehenden Nahrungsmittel, medizinischer Versorgung und Globalisierung ist es an der Zeit, sich wieder auf das Ursprüngliche zu besinnen.

Das Frühjahr und der Winter waren geprägt von Gerichten ohne viele Vitamine. Aber wie hat es in den Kellern geduftet, wo die Menschen Stiegen mit Äpfeln aufbewahrten. Keine polierten und gespritzten Äpfel, bei denen jeder wie gemalt aussieht, sondern von den Streuwiesen aus dem Dorf, stellenweise unansehnlich aber schmackhaft. Die Möhren waren in einer Sandkiste

vergraben und hielten sich so viele Monate frisch.
Kartoffeln lagerten in Kartoffelhorden, für gewöhnlich
mehrere Zentner, denn sie waren nicht nur Beilage,
sondern Hauptnahrungsmittel. Die Köchin ergänzte die
Wintervitamine noch durch Weiß - und Rotkrautköpfe. Jede
Hausfrau konnte auf haltbar gemachte Reserven vom
Sommer zurückgreifen. Eingekochtes Obst, eingelegte
Gurken, Bohnen und Pilze, Säfte und Marmeladen standen
in den Kellerregalen. Das war der Lohn für lange
Einkochabende.

Meine Mutter zauberte noch eine schmackhafte
Leberwurst, die sie in Gläsern haltbar machte. Und nicht zu
vergessen in der Vorweihnachtszeit – die Stollen – und
Plätzchenbäckerei.

Heute ist es selbstverständlich, dass man zu jeder
Jahreszeit, das Obst und Gemüse, was man gerne isst,
kaufen kann. Das führt bei einigen Menschen dazu, dass
sie gar nicht mehr wissen, welche Früchte zu welcher
Jahreszeit wachsen und reifen, da z.B. Erdbeeren und
Tomaten auch im Winter jeder Zeit vorhanden sind.

Ich bemühe mich, jahreszeitlich zu kochen, d.h. nur das
Obst und Gemüse zu verwenden, was in den jeweiligen
Monaten wächst. Aber trotzdem genieße ich es natürlich,
wenn nicht nur Eintönigkeit in der Küche vorherrscht und
ich zuweilen für meine Gerichte aus dem Vollen schöpfen
kann.

Und doch kommen den Menschen langsam Zweifel, ob dieses Vorgehen noch vertretbar ist, wenn z.B. Kiwis aus Neuseeland, Tomaten aus Plastikzelten von Marokko und Spanien, Spargel aus Ägypten mit Flugzeugen und Schiffen zu uns geliefert werden.

Vielleicht gelingt es mir mit meinen Aufzeichnungen aufgeschlossenen Hausfrauen und Hausmännern, einen anderen Blickwinkel auf unser Essen und die Umwelt zu zeigen, um wieder der Jahreszeit angepasst zu kochen.

Verändert habe ich eine Reihe von Rezepten meiner Familie durch etwas gesündere Zutaten und habe dafür große Mengen an Fettigkeiten weggelassen.
Einige Gerichte sind in sächsischer Mundart verfasst, zur Freude der Älteren. Im Anhang habe ich noch aktuelle Rezepte zum Nachkochen beigefügt.

Gutes Gelingen und viel Spaß beim Lesen und Kochen.

Martina Schoeneich 2023

Wie wir Kinder die Jahreszeiten in Sachsen erlebt haben.

Jeder Mensch hat seine Kindheitserinnerungen.
Normalerweise fallen sie positiv aus, da man sich gern an
die wunderbaren Momente erinnert und die vielleicht nicht
so erfreulichen Dinge für gewöhnlich ausblendet.

Wenn mich heute jemand fragt, wo ich her komme, und
ich sage - aus Dohna, wissen die wenigsten, wo dieses
Dohna liegt. Auch wenn ich daraufhin mit stolzgeschwellter
Brust erzähle, dass es eine alte Burggrafenstadt und schon
im Jahre 1040 urkundlich erwähnt worden ist und die
zweitälteste Stadt in Sachsen ist, schauen mich fragende
Gesichter an. Erst wenn ich den kleinen Ort geographisch
einordne, z.B. Nähe Dresden, Müglitztal, Tor zur
sächsischen Schweiz, Pirna usw. können sich manche
etwas darunter vorstellen.
Aus diesem Ort kommt fast die gesamte Familie, außer
meiner Mutter, die nach dem Krieg aus Pommern mit ihrer
Familie vertrieben worden ist.

Meine Oma stammt aus einer kinderreichen Familie und lernte 1928 meinen Opa kennen. 1930 wurde mein Vater geboren, der Dohna zu jeder Zeit die Treue hielt, auch wenn es ihn über Dresden in den Westen von Deutschland verschlagen hatte. Es war sein Wunsch, in Dohna begraben zu werden, und so haben wir ihn 1996 aus Westdeutschland in seinen Heimatort überführt. 2003 ist ihm seine Mutter nachgefolgt und so haben sie nebeneinander ihre letzte Ruhestätte auf dem Friedhof in Dohna gefunden.

Nachdem ich geheiratet hatte, bin ich 1974 aus Dohna weggezogen, aber, bis dahin war dies meine kleine Heimatstadt, in der ich zur Schule gegangen bin, wo ich mit den Freunden gespielt habe und wo meine Familie gelebt hat.

Unsere Kindheit war geprägt ohne Handy, Computer, Telefon, Fernseher und anderen technischen Geräten. Wir spielten ständig draußen, gingen in den Wald oder auf die nicht weit entfernte Meuscha. Dort gab es im Sommer Kirschen in Hülle und Fülle. Wir füllten uns die Taschen und lagen unter den Bäumen und spuckten die Kerne in die Gegend.

Wir tranken Sirupwasser, aßen Senfschnitten oder Marmeladenschnitten und stellten Sahnebonbons in der Pfanne mit Butter und Zucker her. Fasching schneiderten wir unsere Kostüme selbst oder holten vom Boden der

Tante aus ihrem schier unendlichen Fundus Kleider und Röcke, die wir umgenäht haben.

Auf das Wochenende freuten wir uns alle. Die Eltern mussten noch bis 14 Uhr arbeiten und wir Kinder halfen im Haushalt und nahmen ihnen einige Verrichtungen ab. Wenn sie nach Hause kamen, gab es nachmittags gemeinsames Kaffeetrinken und im Fernsehen schauten wir zusammen eine Märchensendung an. Ich kann mich noch gut an die Sendung mit Meister Nadelöhr erinnern und habe mich jedes Mal auf einen Trickfilm gefreut.

An den Sonntagen gab es Mittagessen mit Suppe, Braten und Kompott. Oft unternahmen wir Ausfahrten mit dem Trabant, gingen spazieren und kehrten irgendwo auf dem Land ein, wo es Kaffee und Kuchen gab. Im Winter war die Meuscha unser Rodelberg oder wir rutschten mit den Skiern die Hänge herunter. Ein Stück weiter war ein kleiner Teich, auf dem wir Schlittschuhlaufen übten. An den festen Winterstiefeln wurden einfach Kufen angeschnallt. Im Hof bauten wir Schneebuden und gingen erst nach Hause, wenn wir vollkommen durchgefroren waren.

Im Frühling stromerten wir umher und pflückten die ersten Frühlingsblumen und im Herbst holten wir von den Baumstümpfen Hallimasch Pilze oder sammelten Kräuter oder Laub zum Basteln.
In die Schule marschierten wir die drei Kilometer zu Fuß oder fuhren mit dem Fahrrad, bei Wind und Wetter.

Unser Leben spielte sich vorwiegend in der Natur ab und uns wurde nie langweilig. Später komme ich noch auf einige Freizeitbeschäftigungen und Spiele zurück.

Der Winter in Sachsen

Wir Kinder haben den Winter geliebt, da er so vielfältig war.
Er brachte uns Schnee und Eis, die Adventszeit,
Weihnachten und viel Gemütlichkeit und Heimeligkeit.
  Meine Mutter legte an kalten Wintersonntagen Äpfel in
die Röhre unseres alten Kachelofens. Nach ein paar

Minuten duftete es im ganzen Haus und die gebratenen Leckerbissen verspeisten wir mit Zimt und Zucker.

Am aufregendsten für uns war das Stollen backen. Schon die Vorbereitungen waren ein Erlebnis. Die gesamte Familie war eingebunden und saß im Wohnzimmer bei emsiger Geschäftigkeit. Es wurden Mandeln gebrüht und gemahlen, das Zitronat und Orangat schnitt Vater mit einem scharfen Messer in kleine Würfelchen, die Rosinen wurden in aromatischen Rum eingeweicht und durften darin baden. Alle Zutaten kamen in einen großen Wäschekorb und ab ging es in die Backstube.

Wir Kinder saßen wie gebannt und schauten zu, wie der Bäckermeister alle Zutaten zu einem riesigen Teigklumpen mischte und zu Stollenlaiben formte. Mit einem großen Messer zog er auf jeder Oberfläche eine tiefe Furche. Diese sollte das in Tüchern eingeschlagene Christkind symbolisieren. Wenn die 10 bis 12 Stollen kurz davor waren, in den Backofen zu wandern, steckten wir in die Laibe Namensschilder, damit im Anschluss keine Verwechslungen aufkamen, da oft zwei oder drei Familien in der Backstube zusammen kamen.

Jede hatte ihr eigenes Stollenrezept, welches von Generation zu Generation überliefert wurde. Aus dem Restteig bug er einen Blechkuchen, den er mit Butter und Zucker bestrich. Uns Kindern lief schon das Wasser im

Mund zusammen, denn wir erahnten, dass der Kuchen noch am selben Tag probiert werden würde.

Die Stollen aber wanderten erst einmal sorgfältig in Tücher eingepackt für ein paar Tage bis zum ersten Advent in eine große Holzwanne in den Keller. Dieses geschah sehr vorsichtig, denn es durfte keiner zerbrechen. Nach Ansicht der Oma brachte das Unheil über die Familie. Also wurden sie behutsam wie Wickelkinder in den Keller getragen und in die Wanne gelegt.

Meine Tante hat in späteren Jahren, als die Bäcker in unserem Ort nicht mehr für Kunden abgebacken haben, selbst den herrlichsten Stollen gebacken. Nachfolgend ihr Originalrezept, nach diesem ich heute noch backe.

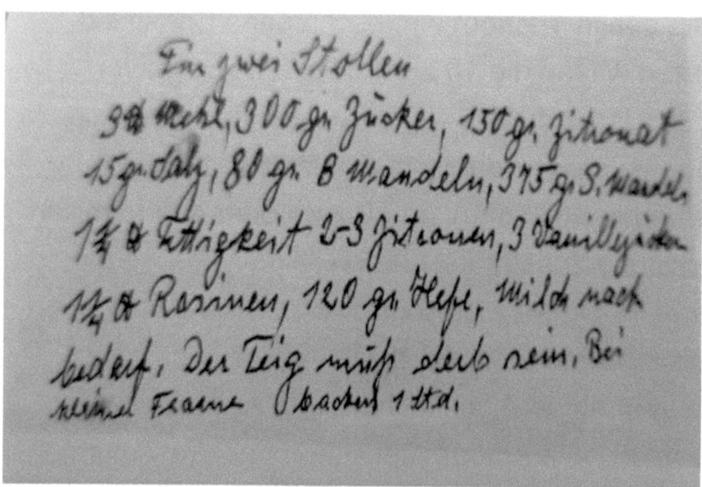

Dresdner Grisdschdolln

Zudaden für 2 Schdolln

3 Pfund Mehl

300 Gr. Zugger, 3 Bäggl Vanillezugger

150 Gr. Zidronad, 15 Gr. Salz

80 Gr. biddere Mandeln (oder Biddermandelöl)

375 Gr. sieße Mandeln

2 ½ Stigg Budder

2-3 Zidronen (Bio- abgerieben)

750 Gr. Rosinen (in Rum einweschen)

2 Bäggl Frischhefe, ¼ Lider Milsch

In eene große Schüssl das Mehl nein siebm, in de Midde
eene Verdiefung, dort nein die Milsch mid der Hefe und ne
Brise Zugger. Wenn de Hefe ufgegangen ist, leicht
durschgneden. Dann nach und nach alle Zudaden nein und
gräftsch zu een fesden Deisch gneden und zugedeggt an
een wormen Ord stelln, damid der Deisch noch mal bissl uff
gehd. Noch mal durchgneden und zwee Laibe formen. In
der Midde ne Fursche ziehn (deng ans Grisdgindl).
Ungefähr eene Stunde bei 150-160 Grad baggen.

Budderblädzschen (eefach)

200 Gr. Mehl
125 Gr. galde Budder
100 Gr. Zugger
1 Bäggle Vanillezugger
1 Ei

Alles zu eenen Mürbedeig vergneden. Danach e bissl ruhn lassen. Deig ausrolln und mit den Ausstechern Blätzschen formen, Sterne, Monde, Gloggen, Dannenbäume, Herzen. Bei ca. 180 Grad ca. 8 Minuden baggen. Vorher noch bissl mit Eigelb bebinseln.
Mit Zuggerguss (Zidronensaft mit Buderzugger mischen) beschtreischen und verziern.

Adventszeit und Weihnachtsfest

Jetzt kam die Zeit, in der an den Adventswochenenden endlich die ersten Stollen aus dem Keller geholt wurden. Wir Kinder hatten so auf diesen Moment gewartet und alle waren gespannt, ob sie gelungen waren. Durch den Aufenthalt im Keller und in der Holzwanne waren sie saftig geworden. Das war der Höhepunkt der Adventszeit.

Zuerst holte sie der Vater aus dem Keller in die Küche, wo Mutter reichlich Butter in einem Tiegel schmolz.

Mit einem Pinsel strich sie liebevoll den Stollen ein. Zum Schluss siebte sie noch dick Puderzucker darauf.

Auf dem Tisch brannten die Kerzen der Pyramide, die sich lustig drehte. Die Stube war mit erzgebirgischen Figuren wie Nussknackern und Räuchermännchen geschmückt, die fleißig vor sich hin qualmten. Es duftete nach Wald, Weihrauch, Äpfeln, Stollen, Zimt und den Plätzchen, die wir noch sorgsam mit Zuckerguss verzierten.

Im Fensterrahmen des Doppelfensters hing ein kleiner Schinken, den es jedes Jahr im Laden als Sonderration für die Familien zur Weihnachtszeit gab. Er durfte laut unserem Vater erst zum Fest angeschnitten werden. Auf dem Tisch stand eine Schale mit Nüssen und Apfelsinen.

Überall war die weihnachtliche Stimmung und Vorfreude zu spüren. Ich glaube, das empfanden nicht nur wir Kindern so, auch bei den Erwachsenen lag ein anderes Leuchten und Strahlen in den Augen, irgendwie waren alle umgänglicher und friedlicher.

Doch nicht nur die leiblichen Genüsse bescherten uns in der Vorweihnachtszeit Freuden. Die Familie fand sich oft am Stubentisch zusammen und aus den im Herbst gesammelten Kastanien, Eicheln und Blättern bastelten und werkelten wir Figuren. Zusätzlich hatte alle wieder Muse zum Spielen. Die Brett – und Kartenspiele waren der ständige Begleiter an den Abenden und verkürzten die lange Wartezeit bis zum Fest.

Die Eltern verhielten sich immer geheimnisvoller, es wurde
geflüstert und getuschelt und wenn wir Kinder in das
Zimmer kamen, verstummten die Gespräche. Es war ja
auch kein Wunder, denn wir hatten schon lange die
Wunschzettel abgegeben, damit der Weihnachtsmann
lesen konnte, was unsere Herzen begehrten.

Aber auch wir Kinder hatten Geheimnisse. Die
Sparbüchsen wurden geplündert, denn wir wollten den
Eltern auch eine Freude bereiten. In unseren Augen waren
sie arm dran, nur uns Kinder beschenkte der
Weihnachtsmann, sie bekamen nie etwas. Da mussten wir
halt einspringen.

Mit viel Fleiß umhäkelten wir Taschentücher, strickten
Topflappen für Mutti und die Omas; Vater und Onkel
erhielten mit der Laubsäge ausgeschnittene Tannenbäume,
die wir noch mit Farbe anmalten.

Im Radio lief Weihnachtsmusik und endlich erklang das
Lied > Morgen Kinder wird´s was geben <. Schnell
brachten wir noch unsere Schuhe auf Hochglanz, denn die
wurden in der Nacht vom 5. auf den 6. Dezember vor die
Tür gestellt.

Wie war die Freude groß als am nächsten Morgen ein
Schokoladennikolaus und Nüsse in den Stiefeln steckten.
Da hatte sich ja die Mühe mit den gründlichen Schuhputzen
gelohnt.

Nun rückte der Heilige Abend in Windeseile näher. Wir schliefen vor Aufregung oft lange nicht ein. In unseren Köpfen kreisten nur die Gedanken an die Gaben, die wir uns vom Weihnachtsmann gewünscht hatten. > Ob denn die Puppe ein neues Kleid bekommt, bringt er vielleicht auch ein paar Skier und die blaue Hose, die ich mir schon so lange wünsche? < Mein Bruder träumte von einem Feuerwehrauto, mit dem er durch die Wohnung fahren konnte und vielen bunten Bausteinen.

Endlich war es so weit. Wie jedes Jahr gingen wir alle zusammen am Nachmittag in unsere romantische Marienkirche, um uns das Krippenspiel anzuschauen. Gemeinsam sangen wir Weihnachtslieder und es kam eine ganz feierliche Stimmung sogar in uns Kindern auf.

Auf dem Nachhauseweg fing es an zu dämmern, und das war ein Zeichen, dass es nicht mehr lange dauern konnte. In gespannter Erwartung saßen wir eine Stunde später in der Wohnstube. Und plötzlich hörten wir, wie es an der Haustür schellte. Unsere Herzen fingen an, schneller zu schlagen. Auch wenn wir ein fast reines Gewissen hatten, irgendeinen Blödsinn hatten wir bestimmt verzapft. Man wusste ja nie, was bis in den Märchenwald vorgedrungen war. Doch meistens ging es glimpflich ab und wir wurden reich beschenkt, sagten die auswendig gelernten Gedichte auf und durften zum Abschluss noch in den großen Leinensack greifen und ein paar Nüsse herausfischen.

Wir bedankten uns gebührend bei dem gütigen Weihnachtsmann, auch weil er die Rute nicht eingesetzt hatte, sie stand unbenutzt am Türrahmen. Vielleicht für die anderen Kinder, dachten wir voller Mitleid. Doch jedes Mal, wenn er zur Tür hinausging, stellten sich Zweifel ein. Irgendwie hatte die Stimme Ähnlichkeit mit der vom Vater und die Schuhe kamen uns auch bekannt vor. Aber das konnte nicht sein. Vater war ja hinausgegangen, um den Weihnachtsmann ein Stück entgegenzugehen, damit er auch unser Haus findet und nicht daran vorbeigeht.

Aus dem Radio ertönten die bekanntesten Weihnachtslieder wie > Stille Nacht – Es ist ein Ros entsprungen – Oh du Fröhliche < und wir sangen alle mit, sogar mein Onkel, der mit Leidenschaft falsch sang.

Als die Bescherung vorbei war, versammelte sich die komplette Familie am Tisch und es gab nach alter Tradition Kartoffelsalat und Würstchen. Da meine Mutter aus Pommern stammte, freuten wir uns auch jedes Mal auf ihre süßen Heringe und ihre herzhaften Heringshappen.

Alle Gerichte zum Nachkochen auf den nächsten Seiten.

Säkscher Gardoffelsalad mit Boggworschd oder Wiener

1,5 Gilo Gardoffeln, fesdgochend
1 Glas saure Gurgen (Spreewälder)
1-2 Zwiebeln
Majonnäse nach Geschmagg
1-2 Eßleffl Semf
Gräuder nach Geschmagg (Betersilche,
 Schniddlauch)
Salz und Pfeffer

Gardoffeln als Bellgardoffln gochen, noch warm schäln und in Scheiben schneiden. In eener großen Schissel gehaggte Zwiebeln, gleengeschniddne Gurge mit der Majonnäse und Semf vermischn und mit Salz und Pfeffer abschmeggen. Nu de noch lauwarmen Gardoffeln dazu gäbn, alles gud verrierhern un ziehn lassen. Vielleicht noch e bissl nachwörzn und ferdsch.

**Sieße Heringe (Rezebt aus Bommer*n)*

6 scheene dobbelde Madschesheringe
1 Gilo Gemiesezwiebeln oder milde Zwiebeln
4-5 Eßleffel Zugger, 2 Deeleffl Salz
Weißer Essig (Äbbelessisch oder Balsamigo)
3-4 Eßleffel Eel (Sonnenblumen)

Die gleengeschniddnen Madsches in eene Schissl
schichtn. De Zwiebeln in dinne Ringe oder Streifen
schneidn und iber de Madsches gebn. Nu den Zugger und
das Salz gleichmäßig iber de Zwiebeln schüdden und das
Eel darüber. Bissl vermengen, aber de Madsches müssen
zugedeggt bleiben. Mindestns 2 Dage durchziehn lassen.

Häringshabben

Ganz eefach. Madsches in Schdigge schneidn, mit
Zwiebelringen, saure Gurgenschdigge, Lorbeerbladd,
Pfeffergörner, Semf, etwas Eel und Salz vermengen und
abschmeggen. Eene andere Variande:
Zu den Häringsstüggen, Rode Beede und Äbbelstügge
dazu geben, dann schmeggt alles noch fruchtiger.

Gänsebraden

    1 Gans (ca. 4 Gilo)
    4-5 Äbbel (Bosgob)
    1 Bund Beifuß, Salz

De gewaschne und abgedroggnede Gans innen und außen mit Salz einreibm und mit den Äbbelstiggen und Beifuß fülln (zunähn oder Ruladennadeln)

Mit der Brusd nach unden in eene große mit ½ Lider Wasser gefillde Gänsebradfanne legen und ca. eene Stunde zugedeggt braden (200 Grad). Nach eener Stunde Deggel runder und uffgedeggt bei 150 Grad weider braden. Jede halbe Schdunde umdrehn. Damit se ni zu fedsch is, immer wieder mit eener Schtriggnadel einstechen und mit dem Bradensatz begießn.

Man rechned eene Schdunde pro Gilo. Also bei der 4 Gilo Gans 4 Schdunden. Eene halbe Schdunde bevor se ferdsch is, ni mehr begießn. Nur noch mit Honigwasser, damid se gnusbrisch wird.

Wenn das ganze Fedd abgeschebbt is, gehts an de Soße. Aus Flügeln, Magen, Herz und edwas Subbengemüse habe ich een Briehe gegocht. Die wird für de Soße genommen. Man gann aber och eine scheene Subbe als Vorspeise daraus machen. Dazu gibts Rodgraud und Gleeße.

Gegochte Gleeße

2 Gilo Gardoffeln als Bellgardoffeln gochen und noch heeß
schäln und dursch de Gardoffelgwedsche drüggen.1 Ei und
2 Eidodder sowie 2 Eßleffel Mehl und 2 Eßleffel
Gardoffelmehl, Salz und geriebene Musgadnuss dazu
gebn.

Alles gud durschgneden und Glöße formn. In de Midde in
Budder gebradene Semmelwerfel geben. Im gochenden
Salzwasse aufgochen und uff gleener Flamme weiter
göcheln lassen (10 Min.)

Da es damals bei uns noch keine Zentralheizung gab und die einzige Wärmequelle der gute alte Kachelofen war, bekamen wir beim Zubettgehen von der Mutter eine Wärmflasche mit ins Bett. Den Rest erledigte das gewaltige Federbett, unter dem wir uns verkrochen, um noch heimlich mit der Taschenlampe ein paar Seiten unseres Lieblingsbuches zu lesen.

Und plötzlich begann es zu schneien. An den Fenstern blühten die Eisblumen und wenn man mit der Zunge an der Scheibe leckte, klebte sie fest. Wir hauchten ein Loch ins Eis und sahen den Flocken zu. Es war wie im Märchen.

Am nächsten Tag holten wir aus der Möhrenkiste im Keller eine Möhre und vom Kohlehaufen kleine Kohlestücke. In der Zwischenzeit waren die Schneekugeln gerollt und aufeinandergesetzt. Mit unserem Schätzen aus dem Keller bekam der Schneemann ein Gesicht. Der alte Hut von Onkel Kurt vervollständigte ihn. Nun brauchte er nur noch eine Schneefrau zur Gesellschaft, damit er nicht so allein auf der Wiese vor dem Haus stehen musste. Sie war auch schnell gerollt und erhielt Omas altes Kopftuch umgebunden. Es war ein lustiger Anblick, wie beide einträglich nebeneinander standen. Sie waren vereint, bis die Sonnenstrahlen ihrem Schneeleben ein Ende bereiten werden.

Der Winter war für uns Kinder eine wundervolle Zeit. Wir gingen morgens trocken und warm angezogen aus dem Haus und kamen abends durchgefroren und mit nassen Sachen nach Hause. Rodeln, Brettl fahren, Schneebuden bauen, machte uns zu dieser Zeit am meisten Spaß. Die roten Hände und die kalten Füße wurden am Kachelofen wieder aufgetaut. Wer kennt nicht dieses furchtbare Kribbeln, was dabei entsteht. Egal, am nächsten Tag ging es wieder in den Schnee.

Wenn wir zwischendurch hungrig nach Hause kamen, gab es eine Scheibe Brot mit selbstgemachtem Zwiebelschmalz.

Dafür hat Mutter das Schweineschmalz ausgelassen und darin den in kleine Würfel geschnittenen Speck gebraten. Zwiebel, Äpfel, Salz, Pfeffer und Majoran dazu gegeben und alles gebraten. Dann abkühlen lassen. Eine Scheibe frisches Brot damit bestrichen, war für uns ein Genuss.

Weitere Gerichte für die kalte Jahreszeit

Hühner- Nudel - Topf nach Tante Lenchen

Ein Suppenhuhn auskochen mit Wurzelwerk (Möhre, Sellerie, Lauch, Zwiebel) und Lorbeerblatt. Sie hat immer eins von ihren eigenen Hühnern genommen, die sehr gut geschmeckt haben.

Das Fleisch von den Knochen lösen und beiseite stellen.

Nudelteig selbst machen:

> 1 Pfund Mehl
> 3-5 Eier (nach Geschmack)
> Salz

Daraus einen Teig kneten und ausrollen.

In dünne Streifen schneiden und in die heiße Hühnerbrühe geben. Ca. 5 Minuten kochen und dann das ausgelöste Hühnerfleisch wieder dazu geben.

Mit frischer Petersilie servieren.

Säkscher Sauerbraden

Zudaden:

1 Gilo Rinderbraden aus der Geule
¼ l Essisch
1 ½ l Wasser
1 Wurzelwerg
1 Zwiebel
2 Lorbeerblädder
Gewörzgörner
100 Gr. durschwaggsner Schbegg
Salz, Pfeffer, Budder zum Anbraden

Aus dem Wasser, dem Essisch, den Gewörzen, der
Zwiebel und dem Wurzelwerg een Sud gochen und wenn
er abgegiehlt is über das Fleesch gießen und zwe Dage
ziehn lassen.
Fleesch abdrobben lassen, pfeffern und salzen und in der
Budder oder Eel mid den Schbeggwerfeln ringsum braun
anbraden. Nu nach und nach die verdinnde Marinade mid
dem gleengeschniddenen Wurzelwerg und der Zwiebel
dazu gäben und mit schmorn lassen.
Deggel druf und in der Röhre garen lassen.

Rinder – Rulladn

Zudaden:

4 scheene abgehangne Rindsrulladn
8 dünne Scheiben durchwachsner Schbegg
2 Zwiebeln
4 kleine Gewerzgurgen
Semf, Salz, Pfeffer
Budderschmalz zum Bradn

Das Fleesch uf eener Seide mit Semf beschreichn, salzen und pfeffern. Den Schbegg, de Zwiebelstreifen und de Gurge verdeilen und einwiggeln. Endweder mit nem Bindfaden zubinden oder mit den Rulladennadel zusammschdeggen. Von außen mit noch e bissl Sempf beschdreischn und etwas salzen und pfeffern. In heeßen Budderschmalz anbraden. Eventuell noch bissl gleengeschniddenes Wurzelwerg dazu geben. Ab und zu mit heeßen Wasser abschlöschn.

Deggel druf und in der Röhre garen. Soße mit etwas Schdärgemehl binden. Mid Rodgraud und Gardoffeln servieren.

Ein Nudelgericht geht immer:

Zucchini-Bandnudeln

250 Gr.Bandnudeln
2 Zucchini
200 Gr. Champignons
2 Tomaten
1 Zwiebel, 1 Knoblauchzehe
Gewürze nach Geschmack
Olivenöl
Getrocknete Chili
Pinienkerne

Die kleingeschnittene Zwiebel mit den in dünne Streifen gehobelten Zucchinistreifen und Knoblauch braten. Salzen, Pfeffern, nach Geschmack Chili dazu geben.

Wenn alles angebraten ist, die Champignons in Streifen schneiden und die Tomaten in kleinen Würfeln dazu geben und mit braten.

Alles noch einmal abschmecken und Parmesankäse servieren.

Spaghetti mit frischen Tomaten (oder 1 Dose gehackte Tomaten)

1 Packung Spaghetti
400-500 Gr. Tomaten
2 Eßl. Olivenöl
200 Gr. magere Schinkenwürfel
1 Zwiebel
2 Knoblauchzehen
Salz, Pfeffer, getrocknete Chillischoten

Die Soße folgendermaßen zubereiten:
In einer großen Pfanne den Speck, die Zwiebel und den Knoblauch anbraten. Die kleingeschnittenen Tomaten dazu geben. Kräftig würzen und zu einem Sugo einkochen.In der Zwischenzeit die Spaghetti kochen. Kurz bevor sie gut sind, einige Eßlöffel von dem Kochwasser in die Soße geben.

Mit frischem Basilikum und Parmesan servieren.

Eine Variante, die mir persönlich sehr gut schmeckt. In die Pfanne noch kleingeschnittene Oliven und in Öl eingelegte getrocknete Tomaten mit braten.

Was in jede Jahreszeit passt

Reibekuchen mit Lachs

    500 Gr. Kartoffeln
    1 Ei
    2-3 Eßl. Mehl
    1 Zwiebel
    Salz, Pfeffer
    Öl zum Braten

Die Kartoffeln waschen, schälen und grob reiben, die
Zwiebel mit reiben.
Mit Salz, Pfeffer würzen, das Ei dazu geben und mit dem
Mehl die Flüssigkeit binden.

In reichlich heißem Öl in der Pfanne kleine Reibekuchen
goldgelb und knusprig ausbacken.

Mit Räucherlachs und Sahnemeerrettich servieren.

So verging der Winter mit Spielen, Rodeln und Skifahren. Es gab aber auch Tage, an denen das Wetter kalt und nass war. Da blieben wir im Haus und beschäftigten uns mit allerlei Dingen. Am liebsten haben wir gekocht oder aus den Schränken der Mutter Kleider geholt und uns verkleidet.

Bei meiner Freundin Rita war jederzeit ein beliebter Treffpunkt, da die Familie eine große Wohnung hatte und die Mutter nie schimpfte, wenn wir alles durcheinander brachten. Sie wurde nur wütend, wenn wir nicht alle Sachen wieder an Ort und Stelle verräumt hatten. Wir inspizierten alle Vorräte, die greifbar waren und kochten Phantasiegerichte. Meistens waren sie nicht so ganz gelungen und genießbar. Deshalb kamen wir ständig auf die altbewährten Rezepte unserer Mütter zurück.

Eines davon waren die Buttermilchplinsen.

Buttermilchplinsen

Zutaten:

½ l Buttermilch
3-4 Eier
250 Gr. Mehl
1 Teel. Backpulver, Prise Salz

Zutaten zu einem Teig verrühren und im heißen Fett von
beiden Seiten braten. Was sehr gut schmeckt:

Einen Apfel in dünne Scheiben schneiden und mit im Fett
braten und den Teig darüber in die Pfanne geben. Das
ergibt ausgezeichnete Apfelplinsen.
Zum Schluss mit Zucker oder Puderzucker
bestreuen.

Frühling in Sachsen

Die Tage wurden wärmer und länger. Die ersten
Schneeglöckchen steckten schon ihre Köpfchen durch die
dünner werdende Schneedecke. Die Sonne schaffte es
nun nach und nach, die bräunlichen Schneereste
aufzulecken.

   Jetzt warteten wir mit Ungeduld, dass der Frühling mit
allen Konsequenzen einzog. Wir schlossen Wetten ab, wer
als erster Kniestrümpfe anziehen durfte, denn das war für

uns Kinder der Start in die wärmere Jahreszeit. Die dicken Jacken kamen in die äußerste Ecke des Schrankes, denn die brauchten wir jetzt eine lange Zeit nicht mehr.

Wir gingen mit den Eltern an den Wochenenden spazieren. Die untrüglichen Vorboten des Frühlings im Wald und auf den Wiesen waren die gelben Schlüsselblumen, die weißen und zartrosa Buschwindröschen und die blauen Leberblümchen. Die Natur explodierte förmlich und das satte Grün begeisterte alle großen und kleinen Kinder.

Mein Vater erzählte uns viel über die Flora und Fauna. Er war auf diesem Gebiet zu Hause, da er die Natur über alles liebte. Sein Wunsch seid frühester Kindheit war, Förster zu werden, aber der Krieg hatte ihm einen Strich durch die Rechnung gemacht. Auch für unscheinbare Dinge schärfte er unseren Blick, und auch heute erkenne ich noch einen Fuchsbau, die Spuren der Tiere im Schnee, viele Vogelarten und Pflanzen. Auch zeigte er uns Heilkräuter, wie Huflattich, Schafgarbe, Kamille oder Arnika und brachte uns bei, wie man sich bei der Tierbeobachtung verhält.

Und ehe wir uns versahen, stand Ostern vor der Tür. Das war für uns ein Fest, welches wir mit Spannung und Freude erwarteten, denn zum einen war die Fastenzeit vorbei und zum anderen durften wir bald das Osternest suchen.

Ständig erinnerten wir unsere Mutter daran, dass sie beim Kuchenbacken die Eier nicht aufschlägt, sondern sie mit uns ausbläst. Später holten wir Pinsel und Farbkästen hervor und bemalten die zarten Eierschalen. Ab und zu zerbrach ein Ei, aber die Fertigen hängte Mutter an die Birken – und Kirschblütenzweige, die schon in einer Vase im Wohnzimmer blühten.

Bei uns in Sachsen war es Brauch, die Osternester bereits am Gründonnerstag zu suchen. Wenn das Wetter es erlaubte, versteckte der Osterhase sie in der Natur auf der Wiese oder im Wald. Bei Regen oder Schnee musste er erfinderisch sein und die Eier in der Wohnung verstecken. Einmal fanden wir ein Nest sogar im Küchenofen, der zu dieser Jahreszeit keine Funktion hatte.

Am Ostersonntag zelebrierten die Eltern mit uns den Brauch des >Osterwasserholens<. Morgens sind wir alle mit dem Kirchenglockenläuten 5 Uhr aufgestanden. Niemand durfte sprechen, wir haben uns nur mit Gesten und Handzeichen verständigt. Die gesamte Familie lief mit einem Krug bewaffnet zu einem kleinen Bach im Spargrund, um Wasser zu schöpfen. Nur wenn man bis zur Heimkehr kein Wort gesprochen hatte, war es Osterwasser und alle durften sich damit das Gesicht waschen. Jedoch manchmal habe ich es nicht geschafft, ohne einen Laut von mir zu geben, das Wasser zu holen. Es war zu schwer, nicht zu sprechen.

Kurz vor dem Osterfest kaufte mein Vater seine erste
Schmalfilmkamera. Das war ein Ereignis für die ganze
Familie. Die Natur, die Kinder und alles, was ihm vor die
Linse kam, wurden gefilmt. Die Anfänge seiner Filmkunst
waren zum Lachen.
Wir posierten nach seinen Vorgaben oder er stellte uns
irgendwo hin und gab Kommandos wie ein Regisseur.
Als wir später die entwickelten Filme auf der Leinwand
sahen, hatten wir alle viel Spaß und haben herzhaft
gelacht.

Süßspeisen und Eiergerichte zum Osterfest

Meine Mutter musste natürlich die vielen ausgeblasenen
Ostereier irgendwie verwenden und was eignet sich mehr
dazu als ihre berühmte Eierschecke.

Das Rezept kommt auf der nächsten Seite.

Säksche Eierschegge a la Lieselotte

1. Zudaden für den Häfedeisch
    1 Pfd. Mähl
    1 Werfel Häfe
    1/8 l Milsch
    100 Gr. Budder oder Margrine
    100 Gr. Zugger, 1 Brise Salz

2. Zudaden für den Gwargbelach
    1 Pfd. Gwarg
    1 Ei
    150 Gr. Budder
    120 Gr. Zugger
    1-2 Eßl. Mähl
    1 Brise Salz und wer mag Rosinen

3. Zudaden für de Schegge
    1 Bäggl Vanillebudding, 1 gnabber ½ l Milsch
    250 Gr. Budder
    250 Gr. Zugger
    6 Eier

Als erschtes mach mer den Häfedeisch und lassn ihn e bissl ruhn. Dann riehern wir den Gwarg für den Belach zusammn. Zuerscht wird das Ei mit dem Zugger und der Budder schaumisch geschlachen. Dann gäb mer den Gwarg und das Mähl dazu und riehern gräftsch. Zum Schluß de Rosin.

Nu gommt de Schegge dran. Wir gochen das Bäggl Vanillschebudding mit der Milsch und lassn ihn abgiehln. Immer bissl riehern, damit er ni glumbd.

In der Zeit schlagen wir de Budder, den Zugger und de 6 Eigelb sehr schaumisch. Wenn der Budding abgegiehlt is, leffelweise drunder heben. Zum Schluß das steifgeschlagne Eiweiß drunder heben. Die ausgefeddete Schbringform wird mit dem Deisch ausgeleschd, druf gommt der Gwargbelach und oben druff de Schegge. Ganz zum Schluß werdn die Mandelbläddschen drieber gestreud.

Nu schieb mer das ganze in den Ofen und lasse alles bei 200 Grad ca. 60-70 Minuden scheen baggen. Vorsischt! Nach ner halben Schdunde mit Baggbabiert abdeggen. Ob der Guchen schon gud ist, gann man mid ner Schdrignadel brobiern. Dorf nischts mehr drangläben. Gudn Abbedied und danach een Dag fasden, is nämlich ne Galorienbombe!!!

Noch mehr Eier ...

In unseren Osternestern lagen nicht nur Süßigkeiten,
sondern auch viele bunte, gekochte Ostereier. Meine
Mutter färbte sie Tage vorher mit natürlichen Zutaten:
z.B. für braune Eier nahm sie Zwiebelschalen, für
violette Eier rote Betesaft. Wenn sie getrocknet waren,
polierte sie alle mit Speiseöl und einem weichen Lappen,
so dass sie nicht nur bunt sonder auch schön glänzend
waren. Nach dem Fest mussten nun die übrig gebliebenen
Eier auch verwertet werden. Ein Gericht steht heute noch
bei mir auf dem Speisezettel

Eiersalat „Lieselotte"

10 hart gekochte Eier
1-2 Eßl. Senf
2-3 Eßl. Mayonnaise
1 kleingeschnittene Zwiebel
Salz, Pfeffer und Schnittlauch

Die kleingeschnittenen Eier mit den Zutaten vermischen.
Zum Schluss den Schnittlauch dazu geben. Mit Essiggurke
und frischem Brot servieren.

Gerichte zum Frühling

Bärlauchsuppe

Im Frühling wächst an kleinen Bächen und auf Wiesen der
Bärlauch. Schon von weitem kann man den intensiven
Knoblauchgeruch wahrnehmen.

3 Bund Bärlauch
3 Kartoffeln
1 Eßl. Butter, 2 Eßl. Olivenöl
1 Becher Schlagsahne
Salz, Pfeffer, Chili nach Geschmack

In einem Topf die Butter und das Öl erhitzen, die
kleingeschnittenen Kartoffeln dazu geben und leicht
anbraten. Dann den gewaschenen Bärlauch dazu geben
und zusammenfallen lassen.
Mit heißem Wasser auffüllen und nach Geschmack würzen.
   Wenn die Kartoffeln weich sind alles mit dem Pürierstab
mixen, die Sahne zum Schluss dazu geben und noch
einmal aufschlagen.

Mit gerösteten Pinienkernen servieren.

Bärlauch – Pesto

3 Bund Bärlauch
100 Gr. Parmesan
200 ml. gutes Olivenöl
 50 Gr. Pinienkernen
 Salz

Den Bärlauch waschen und trocken schleudern.
Grob hacken, den Käse in Stücke schneiden und die
Pinienkerne ohne Öl anrösten.
   In der Mulinette alles in Portionen zerkleinern und mit
dem Ölivenöl mischen. Salzen und in sauber Gläser füllen.
Im Kühlschrank mehrere Wochen haltbar.
Schmeckt sehr gut zu Spaghetti oder Fisch und Fleisch.

Bärlauch – Butter

1 Stück Butter
1 Bund Bärlauch
grobes Salz

Die weiche Butter mit dem sehr fein gehackten Bärlauch
vermengen. Mit groben Salz würzen und kalt stellen.

Im Frühjahr ist Spargelzeit

Der Klassiker:

1 kg Spargel
500 Gr. Kartoffeln
Rohen und/oder gekochten Schinken
Butter und Salzwasser, 1 Brise Zucker

In einem Topf Wasser mit Salz, eine Prise Zucker und 1
Teelöffel Butter erhitzen. Den geschälten Spargel darin ca.
15 Minuten kochen. Mit neuen kleinen Kartoffeln und
Schinken, sowie brauner Butter servieren.

Gebratener Spargel

Grünen und/oder weißen Spargel in Rauten schneiden,
in einer großen Pfanne mit Olivenöl und Butter braten. Nur
salzen, damit der Spargelgeschmack nicht verfälscht wird.
Variante 2:
Ebenfalls mit dem kleingeschnittenen Spargel eine
kleingeschnittene Süßkartoffel mit braten. Wunderbar zu
Fisch oder Fleisch.

Und jetzt gibt es die ersten Erdbeeren

Erdbeerkuchen

Boden:
150 Gr. Zucker
150 Gr. Butter oder Margarine
150 Gr. Mehl
2 Eier, 1 Prise Salz, 1 Teel. Backpulver

Butter, Zucker, Eier schaumig schlagen. Dann das Mehl und Backpulver sowie Salz unterrühren und noch mal aufschlagen. In eine Springform geben und ca. 20 Min. bei 170 Grad backen (Stäbchenprobe)
   In der Zwischenzeit die Erdbeeren waschen und vorbereiten, etwas Zucker darüber streuen und gleichmäßig auf den ausgekühlten Kuchen verteilen.
   Ich streue vorher auf den Kuchen noch eine Packung Sahnesteif, damit nichts durchläuft.
   Drei Päckchen Tortenguss nach Vorschrift kochen und über den gekühlten Kuchen geben. Kalt stellen und mit Schlagsahne servieren.

Unsere Bienen

Mein Vater hatte viele Hobbys, eines davon war die Imkerei. Gerade im Frühling gab es viel zu tun. Wir Kinder haben ihm dabei gern zugeschaut, wenn er verkleidet mit seinem riesigen Hut und Schleier die Bienen versorgte. Er schwefelte die Rahmen gegen Schädlinge und kontrollierte jede Wabe, ob die Königin gesund und auch sonst alles in Ordnung war.

Schon als kleines Mädchen hat mich die Organisation eines Bienenvolkes fasziniert. In einem Staat leben ca. 40.000 bis 80.000 Bienen und jede hat ihre konkrete Aufgabe. Das einzige fortpflanzungsfähige Weibchen ist die Königin, die zugleich auch Mutter aller Bienen in dem Volk ist. Die männlichen Bienen nennt man Drohnen. Sie begatten die Königin und danach sind sie nutzlos und werden einige Wochen später aus dem Bienenstock vertrieben. Die fleißigsten und wichtigsten sind die Arbeiterinnen. Sie kümmern sich am Anfang um die Nahrung der Bienenlarven, im weiteren Verlauf produzieren sie das Wachs für den Bau der Waben und reinigen und desinfizieren die Zellen. Tote Bienen schleppen sie aus dem Stock und wenn sie älter sind, werden sie als Wächterinnen am Flugloch eingeteilt, damit kein Feind eindringt. Zum Schluss ihres Lebens sammeln sie Nektar und Blütenstaub. Doch keine Biene kann allein überleben, sie brauchen sich alle gegenseitig.

Im Laufe der Zeit war mein Vater gegen die zahlreichen Bienenstiche immun. Trotzdem schützte er sich mit entsprechender Kleidung, aber ab und zu verirrte sich eine Biene unter den Hut.

Wenn auch die Stiche nicht mehr schmerzten, die Schwellungen waren stets zu sehen. Oft kam er mit geschwollenen Lidern nach Hause und die waren so dick, so dass seine Augen nur noch als schmale Schlitze zu sehen waren. Das sah für uns Kinder jedes mal sehr lustig aus.

Das Beste aber war für uns die Ernte des Honigs und wir durften beim Schleudern mit helfen. Je nach Jahreszeit und Standort lieferten die fleißigen Sammler Wiesenhonig, Obstblütenhonig oder den würzigen Waldhonig. Zu diesem Zweck hatten wir eine große Trommel, ähnlich einer Wäscheschleuder. Die Rahmen hing mein Vater in die dafür vorgesehenen Aufhängungen und mit der Kurbel drehten wir so lange, bis der Honig duftend und goldgelb aus dem Ventil lief. Meine Mutter füllte ihn sofort in saubere Gläser ab und die Vorräte für das Frühstück waren somit in gemeinschaftlicher Arbeit hergestellt.
Zum Schluss gab es Buttersemmeln mit dem frisch geschleuderten Honig.

Mein Vater hat dem Honig eine heilende Wirkung zugeschrieben. Auch dem Propolis, eine Mischung aus

Baumharzen, Pollen, Wachsen und körpereigenen Stoffen der Bienen, welches die Bienen zum Verkleben von Waben, Ritzen und Zwischenräumen verwenden, hat er große Bedeutung beigemessen.

Er hat in dem Bienenstock feinmaschiges Kunststoffgeflecht angebracht und die Bienen haben ihre Arbeit gemacht. Dann wurde das Propolis in den Kühlschrank gelegt, um es leichter aus dem Gitter zu entfernen. Nach dem Trocknen hat er es zu Pulver gemahlen. Es sollte nach seinen Worten antibakteriell wirken und u.a. bei Erkältungen helfen sowie kleine Wunden heilen.

Der Sommer in Sachsen

Langsam stiegen die Temperaturen, die Kniestrümpfe wurden aus den Schränken geholt und wir freuten uns auf den Sommer. Bald war es so weit, denn jedes Jahr öffnete am 15. Mai unser Freibad. Egal wie das Wetter war, die Badesaison begann für uns.

Das Wasserbecken war frisch aufgefüllt und auf der Schiefertafel am Beckenrand stand die Wassertemperatur: 12 Grad. Aber das schreckte uns nicht ab und wir stürzten uns todesmutig in das kalte Nass.

Wie kamen wir zuweilen durchgefroren aus dem Wasser, mit zitternden Gliedern und blauen Lippen, aber auf der großen Wiese liefen wir uns warm und trocken. In den Taschen hatten wir Limonade, die aus verdünntem Sirup bestand, und herzhaft bissen wir in unsere Marmeladenbrote.

Bald war das Schuljahr zu Ende und die Ferienzeit begann. Wer Glück hatte, durfte ins Ferienlager fahren oder mit den Eltern in eines der FDGB-Ferienheime. Mein Vater hatte auch ein paar Mal so einen begehrten Platz für unsere Familie ergattert. Einmal fuhren wir nach Heringsdorf und ein anderes Mal nach Zingst an die Ostsee.

Wenn wir nicht verreisten, spielten wir zu Hause im Hof und im Garten. Wir bauten Burgen und aus Decken, Zelte. Wir stromerten durch Feld und Flur und uns wurde nie langweilig.

Zu meinen schönsten Kindheitserlebnissen gehörten auch die unzähligen Ausflüge mit Tante Lenchen und ihrem Mann Kurt. Sie hatten selbst keine Kinder und verreisten nie, sie machten aber in der näheren Umgebung Tagesausflüge, zu denen sie mich oft mitnahmen.

Da sie kein Auto besaßen, fuhren wir mit Bus und Zug, ab und zu auch mit den Dampfschiffen der Weißen Flotte oder mit dem Fahrrad. Durch sie habe ich sehr viel von der Sächsischen Schweiz kennen gelernt, und ich denke heute noch an die Ausflüge auf den Königstein, die Bastei, in das Kirnitzschtal, das Klettern in den Schwedenlöchern und das Rudern auf dem Amselsee zurück.

Aber nicht nur in das reizvolle Elbsandsteingebirge führten sie mich, wir besuchten auch die Kunstschätze in Dresden, wie den Zwinger mit seinem Grünen Gewölbe und die Gemäldegalerie. Wir fuhren mit der Standseilbahn zum Luisenhof und sie luden mich jedes mal in eine andere Gaststätte ein.

Sehr beeindruckt war ihre emotionale Erzählung von der Nacht vom 13. zum 14. Februar 1945, als Dresden von den Alliierten total zerbombt worden war. Auch ein Freund der Familie ist damals im Bombenhagel ums Leben gekommen.

Den Feuerschein der Brände hat man bis in unsere kleine Stadt Dohna sehen können. Die älteren Leute erzählen heute noch: Der Himmel hat gebrannt.

In meiner Kindheit sah ich noch die Zeugen dieses Angriffs und es war furchtbar traurig. Die zerstörte Frauenkirche war nur ein Beispiel und stand in den 60er Jahren als Mahnmal für diesen barbarischen Krieg. Zu dieser Zeit waren in Dresden noch sehr viele Ruinen zu sehen und die Stadt schien schwarz und grau. Dazwischen fuhren die alten quietschenden Straßenbahnen und es war schwer vorstellbar, dass alles irgendwann wieder in alter Pracht aufgebaut werden würde.

Wenn wir nach Dresden fuhren, gingen wir oft auch in den Zoologischen Garten und in den Park der Dresdener, den Großen Garten. Dort fuhr die berühmte Pioniereisenbahn. Ein kleiner Zug mit offenen Waggons und Kinder waren die Schaffner. Man saß auf Kindersitzen und da der Zug kein Dach hatte, konnte man die Natur genießen. Oft stiegen wir am Zoo aus und wenn unser Besuch dort zu Ende war, fuhren wir wieder mit der Pioniereisenbahn zum Ausgangsort.

Jetzt ist Dresden erneut das Elbflorenz und erstrahlt nach vielen Jahren des Wiederaufbaus im alten Glanz. Jedes Mal wenn ich dort bin, freue ich mich sehr über die Schönheit und die restaurierten Kunstschätze.

Mit Tante Lenchen habe ich aber nicht nur Ausflüge gemacht, sondern sie hat mir auch Handarbeiten wie Stricken und Häkeln beigebracht. Außerdem gab es bei ihr in einer riesigen Bodenkammer immer etwas zum

Entdecken. Alte Kinderbücher von 1920, ein antiquarisches Dominospiel, viele Klamotten aus der Zeit vor dem Weltkrieg, Bücher und Schmuck, mit dem ich mich gern geschmückt habe. An einem Haken hing eine alte Gitarre und die Babyschuhe meines Vaters standen in dem Regal mit anderen Erinnerungen.

In ihrer Bodenkammer mit den schier unendlichen Schätzen hielten wir uns gern auf. Meine ersten Erfahrungen über das andere Geschlecht habe ich durch die alten Heilbücher von Bilz gemacht. Unsere anatomischen Studien fanden auf dem Dachboden statt, und wir informierten uns über den Unterschied zwischen Mann und Frau, indem wir die Bilder studierten. Das war unsere Aufklärung.

Sie und ihr Mann waren für mich wie Großeltern und ich denke gerne an die Zeit mit ihnen zurück.

Der Mauerbau am 13. August 1961

Im August 1961 kam es für die gesamte Familie zu einem
einschneidenden Ereignis.

Meine Eltern teilten mir mit, dass sie allein in den Urlaub
nach Thüringen fahren wollten. Ungläubig schaute ich sie

an, denn wir sind jeden Somer zusammen verreist. Was ich nicht ahnte, sie planten ihre Flucht in den Westen.

Das Vorhaben erforderte strengste Geheimhaltung, nur meine Oma und meine Tante waren eingeweiht. Ich war noch zu jung und erst acht Jahre alt. Sie hatten Angst, dass ich irgendetwas verraten könnte.

Sie fuhren also nach Ostberlin, stiegen in die S-Bahn nach Westberlin und da sie kein Gepäck dabei hatten, allein ohne Kinder fuhren und bei der Kontrolle eine Adresse in Westberlin angeben konnten, ließ man sie fahren. Die Polizei glaubte ihnen, dass sie zum Geburtstag einer Tante in den Westteil der Stadt unterwegs waren. Problemlos in Westberlin angekommen, kauften sie sich am Flughafen Tempelhof zwei Flugkarten und flogen zu den Brüdern meiner Mutter ins Sauerland.

Nach ihrem Plan wollte mein Vater ein paar Tage später wieder zurückkommen, um mich zu holen. Aber das Schicksal entschied anders. Am 13. August kam meine Tante aufgeregt in das Zimmer meiner Eltern, um sie zum Fernsehapparat zu holen. Weinend sahen sie, was passiert war. Über Nacht ist die Mauer gebaut worden. Jetzt waren ihre Pläne erst einmal zunichtegemacht. Mein Vater konnte nicht zurück. Die Verwandten hatten sich bereits um eine Wohnung und Arbeit gekümmert, alles wäre optimal gelaufen.

Die Zeit, ohne entdeckt zu werden, im Westen zu bleiben, lief ab. Sie mussten eine Entscheidung treffen und haben fieberhaft überlegt, wie sie mich aus der DDR ohne Gefahr herausholen konnten.

Jedoch diese Entscheidung nahmen die Oma und die Tante meinen Eltern ab. Sie schickten ein Telegramm mit den Worten >Martina lebensgefährlich erkrankt, bitte sofort kommen<.

In Panik kamen sie umgehend zurück und sahen ihr vermeintlich schwer krankes Kind spielend im Garten. Damit waren ihre Fluchtpläne wie Seifenblasen zerplatzt. Sie haben nie über ihre Gefühle und was sie durchgemacht haben, gesprochen. Der Oma und der Tante haben sie es viele Jahre nicht verziehen.

In der Zeit habe ich von der Oma gelernt, wie man kocht, Schnittchen herrichtet und hübsche kalte Platten macht mit hartgekochten Eiern, Fliegenpilztomaten, Hackepeterigel und vieles mehr.

Omas leichte Gerichte für den Sommer

Omas Holundersubbe

1 Pfund Holunderbeeren
1 Ltr. Wasser
½ Zitrone
80 Gr. Zugger
2-3 Nelgen
30 Gr. Stärgemähl
e bissl Äbbelsafd oder Rodwein

De Beeren mit ner Gabel von den Schdielen abschdreifn
und zerdriggen. Mid dem Wasser, e Stiggel
Zidronenschale, Zuggerund den Nelgen gochen.
Dann den Safd abgießen, uffgochen und mid dem gald
angerieherden Schdärkemähl binden.
Nu mid Zidronensafd abschmeggen und mid Äbbelsafd
oder bissl Rodwein verfeinern.

Man gann och noch anderes Obst nein dun (Pflaumen,
Girschen). Unsere Oma hat immer Zwiebag neingeditscht.

Häfeglöße mid Heedelbeern

500 Gr. Mähl
¼ L Milsch
30 Gr. Häfe
100 Gr. Zugger
eene Brise Salz
100 Gr. Margrine oder Budder
1-2 Eier

Das Mähl in ne Schissl siebn und ne Brise Salz dazu. De lauworme Milsch, Häfe, Zugger vergwirln und mit der zerlassenen Budder ins Mehl gäben.

De Deich düschtsch gneden und an een wormen Ord gehen lassen. Danach noch es bissl gneden und gehen lassen.
Der Deisch ergibt 12 Glöße, die dann in dem gochenden Salzwasser 10 Minuden gochen und 5 Minuden ziehn solln.

De fertschen Glöße mid ner Gabel uffreisen, braune Budder und Zugger drüber gäbn und mid Heedelbeeren servieren.

Bellgardoffeln und Gwarg

Efach aber gud

1 Pfd. Gwarg (wenn de dinn bisd nimmste
   zwanzschbrozendschen, wenn de bissl vollschlang
   bisd, Magergwarg)
   Milsch
   gleengeschniddne Zwiebeln
   Salz
   Pfeffer
   Schniddlauch
   Leineel

Gardoffeln sauber waschn und gochn. Ich due immer noch
e bissl Gümmel ins Wasser.

De anderen Zudaden geschmeidisch zusammriehern und
abschmeggen.

Wer mag, Leineel drüber!

Der Waschtag oder Große Wäsche

Der Waschtag hat heute seine Bedeutung verloren, denn
es gibt ihn in dieser Form nicht mehr. Jede Familie hat ihre
Waschmaschine zu Haus und wäscht nach Bedarf.
Vollautomatische Maschinen und Trockner erleichtern die
Arbeit der Hausfrauen, aber das war in der damaligen Zeit
nicht so.

Die Älteren unter uns erinnern sich bestimmt, dass
Wäschewaschen früher mit viel Arbeit verbunden und sehr
schwer war. Es gab keine oder nur wenige Hilfsmittel,
jedoch war der Waschtag für die Familie und für uns Kinder
immer ein Ereignis.

Im Keller des Hauses befand sich die sogenannte
Waschküche. Der zentrale Punkt war ein großer Herd mit
einem Bottich, der mit Wasser aufgefüllt wurde. Mit Holz
und Kohlen schürte die Hausfrau das Feuer, um die
Weißwäsche darin zu kochen. Außerdem standen mehrere
Zink – und Holzwannen in dem Raum und jede erfüllte
einen bestimmten Zweck.

Zuerst wurde die Wäsche sortiert, nach Farben
eingeweicht. Die weiße Wäsche kochten wir, die bunte
wurde geschrubbt auf einem Waschbrett. Da es noch keine
Schleuder gab, kam eine Wringmaschine mit Kurbel zum
Einsatz. Manchmal durft ich die Maschine bedienen und
kurbeln, was sehr schwer war.
Wenn ich heute über Flohmärkte schlendere und hin und
wieder die alten Utensilien, wie Waschbrett, Holztrog und
Zinkwannen sehe, muss ich unwillkürlich an die Zeit
denken, als Mutter Stück für Stück die Wäsche mit
Kernseife auf dem Waschbrett geschrubbt hat.

   Wir Kinder halfen beim Spülen der Wäsche in den großen
Zinkbadewannen und hatten vom kalten Wasser ganz rote
und steife Hände.

   Ließen sich manche Flecken nicht entfernen oder war
das weiße Leinen vergilbt, wurden diese Stücke einfach auf
der dafür vorgesehenen Wiese, dem Bleichplan, ausgelegt
und mit einer Gießkanne mit Wasser besprengt. Es war
erstaunlich, welche Kraft die Sonne und das Wasser
hatten, die meisten Stücke wurden durch diese Prozedur
sauber und waren ihre Flecken los. Das alles ohne Chemie
und Fleckenteufel.

   Jeder half am Waschtag mit und die gesamte Familie war
eingebunden – Oma, Tante, Mutter, wir Kinder und
bisweilen griff auch eine Nachbarin ein, wenn die Wäsche
schnell von der Leine musste, weil dicke Regenwolken am

Himmel zu sehen waren. Was uns Kindern am meisten
gefiel, waren die leckeren Süßspeisen, die es am
Waschtag gab:

Pflaumenknödel, Quarkkeulchen, Glitscher, Plinsen.

Dazu wurde von der Oma eine gute Tasse Kaffee oder wie
sie in ihrem unverwechselbaren Dialekt sagte,
> e Dässchen Heeßen < gekocht und alle fanden sich an
dem großen Küchentisch zum gemeinsamen Mittagsmahl
ein, bevor es wieder weiter ging.

Für uns Kinder war es selbstverständlich, dass wir uns an
solchen Tagen nicht mit den Freunden verabredeten,
sondern fleißig mithalfen, damit abends die Wäsche
trocken und gelegt in den Körben lag. Falls doch einmal der
Wettergott dazwischen funkte, wurde die Wäsche von der
Wiese auf den Trockenboden geschafft und dort erneut
aufgehängt.

Der Stolz jeder Hausfrau war ihr Wäscheschrank.
Millimeter genau lagen die Betttücher, Überzüge,
Handtücher säuberlich übereinander gestapelt.

Schon als Kind bekam man zu jedem Geburtstag oder
zum Weihnachtsfest ein Stück für die Aussteuer geschenkt.
Begeistert waren wir nicht immer, aber als ich meine erste
eigene Familie gründete, freute ich mich über jedes Teil,
was im Laufe der Jahre dazu gekommen war.

Zum Schluss kam das Mangeln an die Reihe. In der
Nachbarschaft gab es eine ca. 100 Jahre alte
Wäschemangel, die mir als Kind sehr unheimlich vor kam
und mir Angst einflößte.
Ächzend und quietschend drückte die riesige Walze alles
platt, was ihr in den Weg kam. Die Wäsche kam glatt und
glänzend aus dem Ungetüm.
Ich war jedes Mal heil froh, wenn ich unbeschadet aus
diesem angsteinflößenden Raum herauskam.

Schnelle Gerichte am Waschtag

Gwarggäulschen

1 Pfd. Gardoffeln
½ Pfd. Gwarg
100 Gr. Rosinen
1 Ei
1 Bäggl Vanillschezugger
3 Eßl. Mähl
1 Eßl. Zugger
Salz, Zimd, Eel zum Ausbaggen

De Gardoffeln meglichst vom Vordag schälen und dursch de Gardoffelbresse driggen. Mid den Zudaden vermengen und das Mähl dazu gebn, damid der Deisch ni so feuchd is. Eene Rolle formen und dann in Scheiben schneidn. De Gäulschen bladd driggn und im heeßen Eeel goldgelb baggen.

Mit Zugger und Zimd bestreun und mit Äbbelmus essen.

Glidscher (Reibekuchen)

So eenfach zu machen.

> 1 ½ Gilo Gardoffeln
> Salz, Mähl
> Eel zum Bradn

De Gardoffeln schälen und reiben, mit e bissl Salz wörzen.
Da bilded sisch Safd. Ni weggießen, sondern mit Mähl
binden. Geht och mit ner geriebnen gegochden Gardoffel.
   Wenn de Glidscher herzhafd sein solln, ne Zwiebel mit
reinreiben und mit Salz und Pfeffer wörzen. Wenn se mit
Äbbelmus gegessen werden solln, dann geene.
Uff beeden Seiden goldbraum baggen, fertsch.

Flaumgnedel

1 Gilo Gardoffln
1 Ei
2 Eidodder
2 Eßl. Mähl
2 Eßl. Gardoffelmähl
Werfelzugger
Flaumen

Aus den Zudaden een Glosdeisch herschdelln. De reifen
Flaumen endgernen. Gleeße formen, in de Midde eene
Flaume mid en Schdiggl Werfelzugger geben und alles zu
Gleeßen formen.

In gochenden Salzwasser garn.
Wenn se ferdsch sind, leichd uffreisen mid ner Gabel und
mid brauner Budder und Zimd und Zugger beschdreun.

Meine Oma

Meine Oma war eine sehr liebe, herzensgute Frau. Sie wurde 1908 in einer kinderreichen Familie geboren und war eines von zwölf Geschwistern. Sie wohnte in einem alten Haus und die Toilette war auf dem Hof. Alte ausgetretene Treppen führten in den dritten Stock und wenn man Pech hatte, ging unterwegs das spärliche Minutenlicht aus.

Sie hatte es nicht einfach gehabt, denn Entbehrungen in den zwanziger und dreißiger Jahren prägten ihr Leben. Als später der Krieg kam, musste sie sich mit ihrem Sohn allein durchschlagen, denn mein Opa war im Krieg und kam erst 1948 aus russischer Gefangenschaft nach Hause. Schwer gezeichnet und krank und sie hat sich um ihn bis zu seinem Tod mit 51 Jahren gekümmert.

Aber nicht nur das. In unserem kleinen Ort gab es ein Kino. Es fand sich niemand mehr, der den Betrieb aufrecht erhalten wollte und es sollte geschlossen werden. Meine Oma und zwei gleichaltrige Freundinnen sorgten als betagte Rentnerinnen dafür, dass der Kinobetrieb weiter lief, zur Freude aller Dohnaer.

Bis zu ihrem 80. Geburtstag arbeiteten die drei Frauen für wenig Geld und verkauften Karten, wiesen die Plätze an, steuerten die vorsintflutliche Tonanlage mit der Hand. Nur der Filmvorführer wechselte, denn er musste beweglich sein und die abgespielten Filme sofort in den Nachbarort fahren.

Als Kinder hatten wir natürlich einen großen Vorteil. Eine Oma im Kino zu haben, war eine glückliche Fügung. Bei Filmen mit Altersbegrenzung schmuggelte sie uns hinter die Kinoleinwand und wir sahen den Film seitenverkehrt von der Rückseite aus an. Allerdings ermahnte sie uns, sehr leise zu sein, damit die Zuschauer uns nicht entdeckten.

Sie erzählte viel von ihrer Kindheit und wir tauchten mit ihr in eine uns völlig fremde Zeit ein, in der Not und Elend geherrscht hatten. Sie hat die Inflation erlebt und wenn sie ein Brot kaufen wollten, mussten sie einen Koffer voller Geld dafür bezahlen. Geld war nichts mehr wert. Die jüngeren Geschwister trugen die Sachen der älteren auf, was anderes gab es nicht. Die Kleidungsstücke wurden verkleinert oder vergrößert, je nachdem und danach bekam es das nächste Geschwisterkind.

Trotzdem war ihre Kindheit in ihren Augen sehr schön und liebevoll gewesen. Es rührte mich immer sehr an, wenn sie von ihrer Mutter sprach. Sie beschrieb sie als

streng, was man ja auch mit 11 Kindern sein musste, aber
gerecht und gütig.

Was meine Oma nie ganz ablegen konnte, waren ihre
Ängste. Wenn ich bei ihr übernachtete und ein Gewitter war
im Anmarsch, packte sie einen Wäschekorb mit dem
Nötigsten und oben auf kam ihre Kassette, mit den
wichtigsten Papieren. Sie war aber kein Einzelfall, denn
wenn die Blitze am Himmel zuckten und der Donner grollte,
trafen sich alle Hausbewohner im Treppenhaus mit Körben
und Decken. Gemeinsam wartete man, bis das Gewitter
vorbei war.

Aber danach kochte sie uns eine Tasse Kakao und wir
setzten uns gemütlich aufs Sofa und waren beide froh,
dass wir dem Unheil noch einmal davon gekommen waren.

Doch auch anderer Aberglaube prägte ihr Leben. Beim
Gewitter durfte man nicht essen, kein Besteck in der Hand
halten, keine Eisengitter anfassen usw.. In den Nächten
zwischen Heiligabend und Neujahr durfte man keine
Wäsche waschen, nicht unter den gespannten Leinen
hindurch gehen. Der Stollen durfte nicht zerbrechen, unter
einer Leiter durchgehen brachte Unglück, ganz zu
schweigen, wenn eine schwarze Katze von links nach
rechts die Straße querte. Dann kehrte sie um. Alles
bedeutete Unglück oder Tod. So wurden meine Angst
durch diesen Aberglauben beeinflusst, was ich aber bis
heute, Gott sei dank, wieder abgelegt habe.

Meine Oma als Hausärztin

Früher heilte man viele Krankheiten und Wehwehchen mit Hausmitteln, deren Gebrauch von Generation zu Generation überliefert wurde.

Meine Oma kannte auch Methoden, die sie von ihrer Mutter übernommen hat und immer wieder bei uns Kindern angewendet hat.

Halsschmerzen:

- Gekochte, noch heiße Pellkartoffeln werden in einem Geschirrtuch zerdrückt und mit einem Schal um den Hals gebunden. Vorsicht, heiß. Hilft wirklich!

- Als Tee kochte sie Kamillentee oder Salbeitee

Husten:

- Oma schabte von weißem, ungeräucherten Speck dünne Scheiben ab, legte sie uns auf die Brust und packte uns warm ein.

- Sie höhlte einen schwarzen Rettich aus, füllte ihn mit Kandiszucker und verabreichte uns den heraustropfenden Sirup löffelweise.

- Heiße Milch mit Honig war in ihren Augen immer
  gut und Honig hatten wir ja den Besten.

- Dämpfen und inhalieren über einer Schüssel mit
  heißem Wasser und Kamillenteeaufguss, dazu ein
  Tuch über den Kopf

Erkältung und Fieber:

- Als erstes mussten wir ein Fußbad machen.
  Dazu nahm sie eine Schüssel mit heißem Wasser
  und 3 Esslöffel Salz.

- Selbst gesammelte Lindenblüten als Tee

- bei Fieber machte sie uns Wadenwickel, dazu
  wurden feuchte, lauwarme, fast kalte
  Tücher um die Waden gewickelt, mit Handtüchern
  abgedeckt und aller 20 Minuten gewechselt.

- Bei leichtem Fieber kochte sie eine Holundersuppe
  oder es gab kühlen Holundersaft

Brandblasen:

- Sie schnitt ein Stück ihrer Aloepflanze ab und
  bestrich die Wunde mit Aloesaft

Zum Glück hatte diese Methode den alten Glauben, dass
man Mehl oder Öl auf die Brandwunde tat, abgelöst.

Durchfall:

- Auf einer Glasreibe wurde ein Apfel fein gerieben.
- Zwieback und schwarzer Tee verabreicht.

Magenbeschwerden:

- Wermuttee, Haferschleim, Baldriantee,
  Pfefferminztee,
  Wärmflasche auf den Bauch

Verstauchte Knöchel

- Oma hat selbst gesammelte Arnikablüten in
  Alkohol(Sprit) angesetzt und damit die Stelle
  eingerieben und mit einem Tuch verbunden.
- eine weitere Methode war ein Verband mit Quark.

Außerdem mussten wir Kinder bei Fieber, Mandelentzündung und grippalen Effekt ohne Widerrede im Bett liegen bleiben. Da gab es kein Pardon. Wenn das Fieber weg war, durften wir uns auf das Sofa legen, aber nicht herumlaufen.

In diesen Zeiten verwöhnte uns die ganze Familie. Es gab außer der Reihe eine Kinderzeitung (Frösi, Atze), Oma spielte mit uns am Bett Mensch-Ärger-Dich-Nicht oder sie las uns vor.

Meine Mutter machte auch oft ein Glas Kompott auf. Hin und wieder bekamen wir das große Küchenradio ans Bett gestellt, so dass wir die Kindersendungen hören konnten.

Als besonderes Ereignis packte Vater das große Buch > Die weite Welt< aus den dreißiger Jahren aus. Darin durfte man vorsichtig herumblättern und die fremden Länder bestaunen, die uns Kindern und auch den meisten Erwachsenen nicht mal dem Namen nach bekannt waren.

Unser riesiger Garten

Eines Tages kam mein Vater nach Hause und wir merkten, dass irgendetwas in der Luft lag, denn meine Eltern gerieten in einen Streit. Ich schnappte nur Bruchstücke auf wie – >zu groß, wer soll die Arbeit machen, zu teuer, wie stellst du dir das vor usw.<

Als sich die Wogen geglättet hatten, erzählte mein Vater, dass er ein Grundstück nahe der Elbe gekauft hatte, was nicht nur riesengroß war mit 10.000 qm, sondern auch noch arbeitsintensiv, denn darauf standen mehrere hundert Pfirsichbäume.

Da wir uns ab sofort als Plantagenbesitzer sahen, wandelten wir das Wort Plantage liebevoll in Plänti um.

Wir Kinder fanden das großartig und Gründe dafür gab es reichlich. Das Grundstück lag mitten im Wald, es gab eine Holzhütte, in der man sogar übernachten konnte mit einem Bollerofen. Es wuchs das herrlichste Obst wie Erdbeeren und Pfirsiche. Wir malten uns schon unsere Wochenenden und Freizeiten aus und träumten von Abenteuern und tollen Erlebnissen.

Später stellte sich heraus, dass die Arbeit nie abriss und es sehr viel zu tun gab. Das schmälerte jedoch nicht unsere Euphorie und wir verbrachten jedes Wochenende, außer im Winter in der Plänti.

Zur Erntezeit stapelten sich körbeweise gelb-rote Pfirsiche, duftend und süß. Nicht nur wir genossen diese Früchte, sondern meine Eltern verkauften sie. Im versorgungsschwachen Osten waren diese Gaben der Natur sehr gefragt und die Menschen standen Schlange.

Außerdem benutzten wir sie als Tauschobjekte, da immer mehr Artikel in der ehemaligen DDR Mangelware waren. Dafür bekamen wir Ersatzteile für das Auto, Werkstatttermine, Autoreifen, Schinken, Raufasertapete und noch vieles mehr. Ja, wer etwas zum Tauschen hatte, war privilegiert.

Aber einen großen Teil der Pfirsiche haben wir auch selbst verarbeitet, damit wir in der vitaminarmen Zeit etwas Leckeres im Keller hatten. Meine Mutter und ich kochten das Obst ein, stellten Marmelade her, buken Kuchen, entsafteten mit dem Dampfentsafter, wagten uns auch an exotischere Rezepte heran, z. B. Pfirsichchutney:

Pfirsichchutney

   2 Kilo Pfirsiche

   4-5 Zwiebeln

   4 Chilischoten

   300 Ml. Essig (Apfelessig)

   3 Eßl. Zitronensaft

   300 Ml. Orangensaft

   400 Gr. Zucker, Salz und Pfeffer

Alles unter ständigem Rühren einkochen und noch heiß in Gläser füllen. Passt kalt sehr gut zu Gegrilltem.

Aber in unserer Plänti ernteten wir nicht nur das herrlichste Obst, sondern das riesige Grundstück machte auch sehr viel Arbeit. Zu den wichtigsten Tätigkeiten zählten das Aufhacken und Lockern des Bodens, Unkraut jäten, Bäume verschneiden, Schädlinge bekämpfen und später das Ernten.

Zu den werterhaltenden Tätigkeiten gehörten auch die Pflege des Maschendrahtzauns. Das Entrosten und späteres Streichen war die Aufgabe von uns Kindern. Das Ausbessern und neuen Draht einziehen, übernahm mein Vater. Ansonsten war die ganze Familie beteiligt und am Ende des Arbeitstages grillten wir in der reizvollen Natur und wurden für unsere Mühen belohnt.

Sommerferien

Endlich war es so weit, die Sommerferien waren da.
Der Schulranzen kam in die äußerste Ecke, denn vom
Lernen wollten wir nun ein paar Wochen nichts mehr
wissen.

Als Erstes ging es in das Freibad. Jeden Tag packten wir
unsere Taschen mit Badesachen, Essen und Trinken. Die
Mutter gab uns eine Mark für Eintritt und wir genossen die
Ferien.

Eines schönen Tages gab es eine besondere
Überraschung, denn unser Vater hatte einen
FDGB-Ferienplatz an der Ostsee in Zingst ergattert. Ich
konnte es kaum erwarten. Vor allem die lange Zugfahrt
schien sehr spannend zu werden. Noch fünfmal schlafen,
dann ging es mit dem Nachtzug in den Norden. Die ganze
Fahrt haben wir mehr oder weniger verschlafen. Am frühen
Morgen schauten wir aus dem Fenster und die Landschaft
hatte sich total verändert.

Man konnte schon das Meer riechen. Am Bahnhof
angekommen, schleppten wir die Koffer in unsere

Unterkunft, die zum Glück nicht sehr weit entfernt lag. Ein spartanisches Zimmer erwartete uns, aber das störte niemand. Wir wollten da drin eigentlich nur schlafen und den ganzen Tag am Meer sein.

Mein Vater mietet für den Urlaub einen Strandkorb. Wir hatten die Nummer 11. Er war weiß, hatte zwei Auszüge als Fußstützen und schützte uns vor Sonne, Wind und Regen. Wir Kinder bauten riesige Sandburgen, suchten Muscheln zum Verzieren und spielten den ganzen Tag am und im Wasser.

Ach war das eine schöne Zeit.
Sie ging viel zu schnell vorbei und nach zwei Wochen packten wir unsere Koffer und wir fuhren mit dem Zug wieder Richtung Heimat.

Sommerzeit – Einmachzeit

Die Natur hat es so eingerichtet, dass in manchen
Jahreszeiten Obst und Gemüse in Hülle und Fülle
vorhanden sind. Damit diese Schätze auch im Winter zur
Verfügung stehen, betrieb man Vorratshaltung.

  Viele Dinge gab es zu Beachten. Erstens, nur
einwandfreies Obst oder Gemüse verwenden. Zweitens,
alle Behältnisse und Geräte müssen sehr sauber sein.

Schon seit Jahrhunderten konservieren Menschen Obst, Gemüse, Fleisch und Fisch. An der Vorgehensweise hat sich aber sehr viel geändert. Heute greifen wir auf moderne technische Geräte wie Kühlschrank und Tiefkühltruhe zurück und haben es unkomplizierter. Außerdem hat die Vorratshaltung nicht mehr diese Bedeutung, da die Supermärkte zu jeder Jahreszeit eine reichhaltige Palette an frischen Produkten bieten. In der heutigen Zeit ist es mehr eine Form von Nostalgie oder einfach Kreativität und Freude an solchen Tätigkeiten, wenn Marmeladen gekocht und die alten Steinguttöpfe vom Speicher geholt werden, um darin einen Rumtopf anzusetzen oder Gurken einzulegen. In den 60er Jahren waren in der ehemaligen DDR Obst und Gemüse Mangelware, so dass die Hausfrauen für den Winter vorsorgen mussten. Die damals gängigen Methoden waren das Einkochen, das Entsaften, das Einlegen in Alkohol, in Essig und Salz und das Einkellern.

Saure Gurken

Kleine grüne Gurken wässern und mit einer Nadel
anstechen. In einen Steintopf zuerst eine Lage Weinblätter
legen, dann die Gurken einschichten. Stücke von
Meerrettich, Dill, Estragon, Bohnenkraut, Zwiebelstücke
und Senfkörner dazwischen geben.
Zum Schluss Essig, Salz und Zucker aufkochen und
abschmecken und heiß über die Gurken gießen. Mit einem
Teller beschweren und mit einem Tuch zubinden.

Schnellgurken

Die Gurken nur waschen und bürsten und in etwas dickere
Scheiben schneiden. Portionsweise einen Sud aus
Gewürzessig, Salz, Zucker, Dill, Lorbeerblatt, Piment,
Pfefferkörner und Senfkörner herstellen und aufkochen. In
ein Gefäß (Steintopf, Glas) geben und das heiße
Essigwasser darüber verteilen. Können in 2-3 Tagen schon
verzehrt werden.

Rumtopf

In einem Steintopf (Rumtopf) das Obst schichten,
begonnen wird mit den ersten Früchten, z.B. Erdbeeren.
Für 250 Gr. Früchte, 250 Gr. Zucker in 2 Esslöffel Wasser
auflösen und nach und nach 3/8 Ltr. Rum oder Weinbrand
zugeben. Die Lösung über die Erdbeeren geben und
danach immer wieder Obst und Zucker zu gleichen Teilen
einschichten. Ab der dritten Obstmenge wieder Alkohol
zuführen. Alles kalt stellen und luftdicht zudecken.

Leberwurst selbst herstellen

2 kg magerer Schweinebauch
1 Pfd. Schnitzelfleisch
1 1/2 Pfund Leber (nur Schweineleber, sonst zu
 bitter)
4-5 Zwiebeln
2-3 Päckchen Majoran
20 Gr. weißen Pfeffer
3 Lorbeerblätter
Salz
Fleischbrühe aus dem Schweinebauch

Das Schweinefleisch mit den Gewürzen kochen. Wenn
alles weich ist, durch den Fleischwolf drehen. Danach die
rohe Leber ebenfalls durchdrehen sowie die angedünsteten
Zwiebeln. Mit 2-3 Kellen Brühe und den Gewürzen
vermengen und mit Salz abschmecken.

In sauber Gläser füllen und im Backofen 50 Min.
einkochen.

Herbst in Sachsen

Langsam fingen die Blätter an, sich bunt zu färben und nach und nach lautlos von den Bäumen zu fallen. Die Tage wurden kürzer und morgens lag schon der erste Tau auf dem Gras und den Blüten.

Es bahnten sich herbstliche Temperaturen an und die Kniestrümpfe verschwanden wieder in der hintersten Ecke des Schrankes und die langen Hosen, Pullover und Socken wurden hervorgekramt.

So richtig wollten wir es nicht wahrhaben, denn der Sommer war für uns Kinder die schönste Jahreszeit, weil wir draußen spielen und so viel unternehmen konnten.

Doch auch der Herbst hatte seine reizvollen Seiten und war bunt und interessant. Die Schwalben in unserem Hausflur hatten ihre Jungen groß gezogen und sammelten sich mit anderen Vögeln auf den Stromleitungen, um sich für den langen Flug in den Süden zu rüsten. Andere heimische Tiere legten ihre Vorräte für den Winter an und wenn man mit offenen Augen durch Wald und Flur ging, sah man überall die Spuren ihrer Emsigkeit.

Es kam die Zeit der Früchte des Waldes. Meine Eltern nahmen einen Korb und ein Messer und es ging in den Wald zum Pilzesuchen. Jede Familie hatte ihre speziellen Plätze und diese hielt man absolut geheim. In unserer Familie wurden nur die Röhrenpilze geerntet, da bei denen die Wahrscheinlichkeit nicht so groß ist, sie mit einem der zahlreichen Giftpilze zu verwechseln.

Vielleicht kannten sie auch die anderen Sorten nicht so genau, so dass wir nur auf bekannte Exemplare zurückgriffen. Am beliebtesten waren Steinpilz, Marone, Birkenpilz, Rotkappe, Samtröhrling und den einzigen Lamellenpilz, den sie kannten – der Pfifferling.

Es gab Zeiten, da fanden wir so reichlich, dass wir sogar kleine Steinpilze wie saure Gurken zubereitet und eingekocht haben. Aber meistens reichte es für eine schmackhafte Pilzmahlzeit mit Kartoffelbrei.

Wenn wir meiner Tante von unseren selbst gesuchten Pilzen etwas abgaben, hatte sie jedes Mal Angst, dass ein giftiges Exemplar mit darunter war. Sie legte in ihre Pfanne beim Braten einen Silberlöffel, da sie den Aberglauben hatte, er würde sich bei einem Giftpilz schwarz färben.

Wir haben die Pilze immer so zubereitet:

Gemischte Waldpilze nicht waschen, nur bürsten. In Stücke schneiden und in Butter mit Zwiebeln anbraten. Langsam schmoren lassen und mit Salz und Pfeffer abschmecken. Dazu passt Kartoffelbrei.

Herbstliche Gerichte

Pilzbohnen

(Hat nichts mit Pilzen zu tun)

    1 Pfund grüne Bohnenkraut
    1 Zwiebel
    magerer Speck
    Salz, Pfeffer
    Bohnenkraut
    Öl

Die Bohnen gut waschen und schnippeln. In einer Pfanne den kleingeschnittenen Speck mit der Zwiebel leicht anbraten, würzen. Die gewaschenen Bohnen und eine halbe Tasse Wasser dazu geben. Mit Deckel anbraten, ab und zu umrühren, dass die Bohnen nicht anbrennen. Eventuell noch etwas Wasser dazu geben.

Wenn die Bohnen weich werden, Deckel abnehmen, kein Wasser mehr dazu, ein wenig Butter und weiter braten. Sie können ruhig ein bisschen braun werden. Dazu schmecken Kartoffelbrei und Gewiegtes-Keulchen.

Die länger werdenden Abende nutzten wir jetzt wieder zum Spielen. Mit Vorliebe saßen wir alle mit dem > Mensch ärger dich nicht < oder mit unserem Rommé Spiel am Tisch.

Langsam wurde es auch Zeit für die Weihnachtsbasteleien. Wir suchten wieder die Wollreste zusammen und fingen an, emsig Topflappen zu häkeln. Das waren praktische Geschenke für Muttis, Omas und Tanten. Sie waren ständig im Gebrauch und durften nicht geschont werden, denn Weihnachten gab es Neue.

Von der Tante hatte ich Sticken gelernt und so wagte ich mich an meine erste Tischdecke heran. Mit dem Strickliesel stellten wir lange Schnüre her, die wir rollten und als Untersetzer zusammen nähten. Die Versuche bei Stricken wurden auch immer erfolgreicher, so dass Weihnachten der erste Schal für den Vater entstand.

Wenn dann in der Röhre des Kachelofens die Bratäpfel schmorten, war es wieder eine behagliche, heimelige Zeit.

Jetzt gab es auch immer öfter kräftige und wärmende Suppen.

Säksche Gardoffelsubbe

150 Gr. mageren gleengeschniddenen Schinken
2 Zwiebeln
½ Sellerie
3 große Möhrn
1 Borreeschdange
500 gr. Gardoffeln
2 Lorbeerbladd
Salz, Fäffer- und Bimendgörner
Wasser, ev. 1 Becher Sahne

In een großen Dopp den Schbegg mit der Zwiebel
anbraden. Dann das gleengeschniddene Gemiese dazu
und midbraden lassen, danach de gleengeschniddene
Gardoffeln. Mid heeßem Wasser uffülln und alles wesch
gochen. Mid dem Bürierschdab bürriern und wer mag, de
Sahne mit reingebn. Zum Schluß gleengeschniddene
Wienerwurschd und baar Gräuder dazu und noch mal
abschmeggen.

Linseneintopf süßsauer

500 Gr. Linsen
300 Gr. mageres Rauchfleisch
Ein Bund Wurzelgemüse (Möhre, Lauch, Sellerie,
Petersilienwurzel)
2-3 Kartoffeln
1 Zwiebel
Salz, Pfeffer, Zucker, Essig

Die Linsen mit der Zwiebel und dem Rauchfleisch ohne
Salz kochen. Etwa 10 Minuten vor Ende der Garzeit das
kleingeschnittene Gemüse und Kartoffeln dazugeben und
mit kochen lassen. Mit Salz, Pfeffer, Essig und Zucker
abschmecken.

Wer möchte, kann zur Bindung eine helle Mehlschwitze
daran rühren. Dazu in Butter etwas Mehl anschwitzen und
unter Rühren in die Suppe geben.

Als Einlage das magere Rauchfleisch und Wiener- oder
Knackwürstchen.

Steckrübeneintopf (Kohlrübeneintopf)

Meine Mutter stammte aus Pommern und dieses Gericht
haben sie zu Hause viel gekocht. Früher waren die
Steckrüben ein Armeleuteessen, heute sind sie als
Wintergemüse sehr beliebt.

   1 Steck- oder Kohlrüben
   1 Pfd. Kartoffeln
   1 Pd. Möhren
   1 Zwiebel
   1 Pfd. Schweinebauch, mager
   Salz, Pfeffer, Kümmel, Muskatnuss,
   2 Lorbeerblätter
   Butter, Olivenöl oder Gänseschmalz zum
   Anbraten, Wasser oder Brühe

Die Kartoffeln und das Gemüse in Stücke schneiden. Die
Zwiebel in Würfel und das Fleisch ebenfalls in Stücke
schneiden. In der Butter das Fleisch und die Zwiebel
anbraten. Danach die Gemüsestücke dazu geben und eine
Weile mitbraten. Zum Schluss die Brühe aufgießen, bis das
Gemüse bedeckt ist.
Kräftig würzen. Etwa 50 Minuten kochen lassen. Zum
Schluss noch einmal kräftig würzen.

Kürbissuppe, ein Herbstklassiker

1 Hokaidokürbis, 2 Kartoffeln
1 Packung Suppengemüse (Möhre, Lauch, Sellerie)
Salz, Pfeffer, Gewürze nach Geschmack, Chili
1 Becher Sahne oder Kokosmilch
Gemüse und Kartoffeln kleinschneiden und in
Butter-Öl-Gemisch in einem großen Topf anbraten. Mit
heißem Wasser oder Brühe aufgießen und köcheln bis
alles gar ist.
Alles pürieren und zum Schluss die Sahne oder
Kokosmilch unter mixen.

Bradworschd mid Sauergraud

Wie man ne Bradworschd bräd, brauchsch gloobe ne
uffschreibn. Deshalb nur das Rezebd fürs Sauergraud

500 Gr. Sauergraud
1 Zwiebel
50 Gr. magren Schbeg
1 Äbbel
Salz, Fäffer, Lorbeerbladd
Wachholderbeern, Gümmel
Den Schbegg in e bissl Eel ausbraden, dann die
gleengeschniddene Zwiebel und den Äbbel dazu. Alles

scheen anbraden, dann das Sauergraud dazu und mid
schmorn lassen. Mid Wasser oder Äbbelsafd uffgießn und
wieder dinsden lassen. Wer es binden will, reibd ne rohe
Gardoffel nein oder machd bissl Schbeiseschdärgedrunder.

In der Zwischenzeid is de Bradworschd fertsch und wird mit
Gardoffelbrei und dem Sauergraud servierd.

Gewischdes Gäulchen

250 Gr. Rindflesch, durschgedrehd
250 Gr. Schweineflesch, durschgedrehd
1 aldbaggene Semmel in Milsch einweschen
1 gleengeschniddene Zwiebel
1 Ei
Salz, Pfäffer, Gümmel, Pedersilsche
Semmelbrösel, Fedd zum Braden

De eingeweschde Semmel gud ausdrüggen und
mit den andern Zudaden vermengen und wörzen.
Evenduell noch es bissl Semmelbrösel nein dun.
Gleene Gäulchen formen und im heeßen Fedd
Braden.

Wieschebraden

Wenn man den Deisch als Rolle formd und mit
Schbeg um wiggeld, gann man die Rolle als
ganzes im Ofen baggen. Uff en Blech legen und
wer will, Gemüse und Zwiebeln drum legen.

Sieß-saure Soße

Zu Gewieschdes Gäulschen und och zum
Wieschebraden passt diese Soße brima.

3 Eß. Budder oder Margarine
2-3 Eßl. Mehl
Salz, Pfäffer, Essisch und ne Brise Zugger

Budder auslassen und drin das Mehl bräunen.
Mid galden Wasser uffülln und immer riehern,
damid geene Glümschen entstehn.
Mid Salz, Pfäffer und Essisch abschmeggen und
noch mal aufgochen. Wer es werziger will, nimmd
anstadd Budder Spegg.

Zwiebelkuchen

Hefeteig selbst herstellen oder aus Zeitgründen einen fertigen Pizzateig nehmen.

3 große Gemüsezwiebeln
250 Gr. magere Schinkenwürfel
1 Becher Schmand
Salz, Pfeffer, Chilschote
1 Bund Petersilie

In einer Pfanne die Schinkenwürfel anbraten, die kleingeschnittenen Zwiebeln dazu geben und leicht andünsten. Vom Herd nehmen und Schmand, Chili, Salz und Pfeffer sowie die kleingeschnittene Petersilie unterheben.
In der Zwischenzeit den Backofen auf 200 Grad vorheizen.
Den Teig ausrollen, die Zwiebelmasse auf den Teig geben und ca. ½ Stunde backen.

Rosenkohlblech

500 Gr. Rosenkohl
200 Gr. Schinkenwürfel
1 Zwiebel
2 große Kartoffeln
 oder 1 große Süßkartoffel

Den Rosenkohl in kleine Röschen zerteilen. Die Zwiebel in
Streifen und die Kartoffeln in dünne Scheiben schneiden.
Alles in einer Schüssel mit Olivenöl, Salz, Pfeffer, Muskat
vermengen.

Auf ein Backblech geben und zuerst bei 200 Grad, später
150 Gras backen, bis die Röschen gar sind. Wer mag, kann
geriebenen Käse kurz vor Schluss oder kleine Stücke
Schafskäse mit backen.

Süßsaure Flecke

1 Kilo Flecke
6 Gewürzkörner
2 Lorbeerblätter
100 Gr. Speck
2 Eßl. Mehl
Salz, Brise Zucker, Essig
kleine Kartoffelstücke
2 saure Gurken

Die geputzten Flecke im Ganzen mit Lorbeerblättern, Salz
und Gewürzkörnern kochen.
Wenn sie gar sind, in mundgerechte Stücke schneiden.

Eine Mehlschwitze machen, dazu das Mehl in Butter leicht
anbräunen und mit Wasser anrühren.
Die Flecke, die Mehlschwitze, den ausgelassenen Speck,
die kleingeschnittene saure Gurke und die gekochten
Kartoffelstücke dazu geben und mit Essig, Salz und Zucker
abschmecken.

Säkscher Gulasch

500 Gr. Schweinefleesch
500 Gr. Rindfleesch
3 große Zwiebeln
1 rode Pabrika
1 Meehre
1 Schdigg Sellerie
2 Eßl. Sempf
Salz, Pfäffer
und evenduell gedroggnede Bilze

Das Fleesch in gleene Werfel schneiden, mit Sempf bestreichen und in eener großen Pfanne in Budderschmalz anbraden. Dann de Zwiebeln und das Gemiese dazu gebn, salzen und fäffern. Under ständigen Riehern weider braden und mid heeßen Wasser ablöschn. Dann soviel heeßes Wasser dazu gebn, dass das Fleesch abgedeggt ist und zugedeggt im Ofen bei ca. 170 Grad schmoren lassen (ungefähr 1-1/2 Std.)

Mid Kardoffeln oder Gleeßen, Rodgraud oder anderen Gemiese serviern.

Rote Bete, im Herbst ein Vitaminlieferant

5-6 Knollen Rote Bete
1 Zwiebel
Salz
Pfeffer
Zucker
Olivenöl
Essig (roter Balsamico)

Die Knollen waschen und entweder in leicht gesalzenen
Wasser ca. 45 Minuten (kommt auf die Größe an) oder in
Alufolie einwickeln und in der Röhre garen, ca. 1 Stunde.

Die roten Knollen schälen (Vorsicht! Handschuhe anziehen)
und noch warm auf einer Reibe in dünne Scheiben raspeln.
Eine Zwiebel sehr fein schneiden und zu den Rüben
geben. Mit Salz, Pfeffer, wer mag Kümmel, Olivenöl,
Balsamico und ev. etwas Zucker vermengen und
abschmecken.

Die Sachsen feiern gerne.

Die Sachsen sind ein geselliges Völkchen und verstehen zu feiern, einen Anlass findet sich immer.

Es werden Kuchen gebacken, Fleisch und Wurst gegrillt, Bowlen angesetzt und eine gute Mitternachtssuppe gekocht.

Nachfolgend ein paar Rezepte für eine kleine Feier.

Erdbeerbowle

1 kg Erdbeeren
100 Gr. Zucker
2 Flaschen Weißwein
1 Flasche Sekt

Die Erdbeeren zuckern und mit einer Flasche Weißwein aufgießen. Nach einer Stunde die zweite Flasche dazu geben und vor dem Servieren den Sekt. Man kann die Bowle mit verschiedenen Früchten ansetzen. Sehr gut eignen sich Mandarinen, Pfirsiche, Ananas aus der Dose. Eine Variante ist auch, die Früchte mit einen Schuss Wodka oder Rum anzusetzen.

Russische Soljanka oder Mitternachtssuppe

Man kann nur Wurstreste nehmen, ich mache sie auch mit
Fleisch:

500 Gr. gemischtes Gulaschfleisch, klein schneiden.
500 Gr. Wurstreste (Salami, Kochsalami, Jagdwurst)
3 Knoblauchzehen, 1-2 Zwiebeln, 2 rote Paprika
Tomatenmark und etwas Ketchup
saure Gurken, Zitronenscheiben
Salz, Pfeffer, Chilipulver, Paprika
1 ½ Ltr. Fleischbrühe, Gemüsebrühe oder Wasser

Das kleingeschnittene Fleisch anbraten und würzen, die
Zwiebel, den Knoblauch, Tomatenmark und etwas Ketchup
dazu geben und mit braten. Mit der Brühe auffüllen und 20
Minuten kochen lassen. Dann die Wurstreste in Streifen
schneiden, den Paprika ebenso und in die Suppe geben.
Weiter köcheln lassen, bis alle Zutaten gar sind. Zum
Schluss die sauren Gurkenscheiben u. 50 ml.
Gurkenbrühe dazu geben und alles noch einmal kräftig
abschmecken. Mit Zitronenscheiben und einem Klecks
saurer Sahne servieren.

Und zum Knabbern Käsegebäck

150 Gr. Butter
180 Gr. Emmentaler, gerieben
1/2 Tasse frische Sahne
1/2 Teel. Salz
1 Teel. Paprikapulver edelsüß
250 Gr. Mehl
½ Teel. Backpulver
Eigelb zum Bestreichen
Mandeln, Mohn, Sesam, Kümmel, grobes Salz, Pistazien
zum Verzieren

Butter in Flocken mit dem Käse und der Sahne, Salz und
Paprika in einer Schüssel vermischen. Mehl und
Backpulver gesiebt darüber geben und rasch zu einem Teig
verarbeiten. 2 Stunden im Kühlschrank ruhen lassen.
Dann ca. 2-3 cm dick ausrollen und beliebige Formen
ausstechen oder zu Stangen schneiden und rollen.
Auf ein leicht gefettetes Blech geben und mit Eigelb
bestreichen. Beliebig verzieren und etwa 10-15 Minuten bei
200 Grad backen.

Anhang

Welches Obst und Gemüse wächst zu welcher Jahreszeit?

Die wichtigsten Sorten auf einen Blick. Die Aufstellung erhebt natürlich keinen Anspruch auf Vollständigkeit.

Es werden die Sorten aufgeführt, die ich teilweise auch in meinen Rezepten verwendet habe.

<u>**Das Frühjahr**</u>

- Rhabarber
  für Kuchen, Kompott, Pudding, Saft

- Bärlauch
  für Suppen, Pesto, Butter, als Gewürz

- Löwenzahn
  als Salat

- Pflücksalat, Kopfsalat
  als Salat

- Spargel
  für Suppen, als Gemüse, für Aufläufe

- Frühjahrsmorcheln
  zum Braten, in Suppen

- Erdbeeren
  für Kuchen, Desserts, Marmeladen

<u>**Der Sommer**</u>

- Tomaten

  Salat, Brotbelag, Suppen, zur Pasta

- Gurken

  Salat, Schmorgurken, gefüllte Gurken

- Zwiebeln

  für viele Gerichte zum Braten, Schmoren, Grillen

  Für Salate, Gemüse, Zwiebelkuchen

- Paprika und Peperoni

  als Salat, als Gemüse, gefüllt, als Würze

- Zucchini

  als Gemüse, gefüllt mit Hackfleisch, als Vorspeise,

  als Zuccinispaghetti

- Auberginen

  gebraten, als Vorspeise, als Gemüse, gefüllt, als

  Paste

**- die meisten Stein-und Kernobstsorten und
  Beeren**

  zum Essen, Marmeladen, Säfte

- **Sommerpilze**

  zum Braten und Suppen

- **Kräuter**

  als Würze, Garnierung, Salate

- **Möhren**

  als Rohkost, Gemüse, Suppen, Snack

- **Sellerie**

  als Rohkost, Salat, Suppen, Eintöpfe

- **Kartoffeln**

  sehr vielseitig zu verwenden, z.B. als Beilage,
  gebacken, Püree, Pommes frites, Ofenkartoffeln,
  gefüllt

Der Herbst

- Porree

als Gemüse, für Suppen, in Eintöpfen

- Rosenkohl

als Gemüse, für Aufläufe

- Weißkohl

für Suppen, als Gemüse, Sauerkraut, Rohkost

- Rotkohl

als Gemüse, Beilage, Rohkost

- Spitzkohl

wie Weißkohl zubereiten

- Äpfel, Birnen

zum Essen, Marmeladen, Saft, in Salaten und zum
Einwintern

- Pflaumen

zum Essen, Marmeladen und Mus, Beilagen,
Pflaumenknödel
für Kuchen

- **Rote Bete**

  roh oder gekocht, Salat, Carpaccio, Saft

- **Kürbis**

  als Gemüse, für Suppen, sauer eingelegt

- **Nüsse**

- **Waldpilze**

  schmoren als Gemüse, Beilagen, Suppen

- **Feldsalat (auch im Sommer)**

  als Salat

- **Wirsing**

  für Suppen, als Gemüse, für Krautwickel

- Mangold

  als Gemüse, gefüllt mit Hackfleisch

<u>**Der Winter**</u>

alle Obst - und Gemüsesorten aus der Vorratshaltung wie

- Möhren, Äpfel, Birnen, Kartoffeln

- Grünkohl
  nach dem ersten Frost ernten als Gemüse mit
  Kasseler und Wurst

- Rosenkohl
  verträgt auch leichten Frost, als Gemüse, Suppen
  und als Beilage

- Winterpilze
  Samtfußrübling, Austernseitling, Schwefelkopf
  zum Braten, als Beilage

Und nun wünsche ich einen guten Appetit und dass Ihnen
ein paar Anregungen zum jahreszeitlichen Kochen gefallen
haben.
Vielleicht habe ich auch das Bewusstsein auf die
heimischen Produkte ein wenig gestärkt.

In der Hoffnung, dass meine kleinen Heimatgeschichten
und Rezepte in sächsischer Mundart einigen Freude
bereitet haben, sage ich allen Lesern und Leserinnen -

Gutes Gelingen.

Ihre Martina Schoeneich

Vielen Dank an meine Enkelkinder

Katharina und Marlene Stadler, 10 und 12 Jahre alt, die mit ihren Zeichnungen mein Buch bereichert haben.

Auch vielen Dank an meinen Ehemann für Coverfoto